CATALOGUE
DES
INCUNABLES
DE LA
BIBLIOTHÈQUE PUBLIQUE DE LA VILLE
DE
PERPIGNAN

PAR

Pierre VIDAL
Conservateur de la Bibliothèque.

PARIS
H. WELTER, Éditeur
59, rue Bonaparte, 59.

1897

A M. Léopold Delisle,
administrateur général de la Bibliothèque Nationale,
hommage respectueux de l'auteur,

Vidal

CATALOGUE
DES INCUNABLES

DE LA

BIBLIOTHÈQUE PUBLIQUE DE LA VILLE

DE

PERPIGNAN

CATALOGUE
DES
INCUNABLES
DE LA
BIBLIOTHÈQUE PUBLIQUE DE LA VILLE
DE
PERPIGNAN

PAR

Pierre VIDAL

Conservateur de la Bibliothèque.

PARIS
H. WELTER, Éditeur
59, rue Bonaparte, 59.

1897

AVANT-PROPOS.

« Sous la dénomination d'incunables, on est généralement convenu de comprendre les volumes ou pièces qui ont été imprimés avant l'année 1501 ou qui sont présumés antérieurs à cette date.

« Les incunables méritent d'être l'objet de soins particuliers dans les bibliothèques publiques, où souvent ils sont classés à part et forment une annexe des collections de manuscrits. Ce qui justifie le traitement particulier dont ils sont l'objet, c'est que beaucoup d'entre eux ont presque la même autorité et sont à peu près aussi rares que les manuscrits. C'est encore et surtout parce qu'ils nous fournissent le moyen d'étudier l'origine encore obscure et les premiers développements d'un art sur lequel repose en grande partie la civilisation moderne » (1).

La collection des incunables de la Bibliothèque publique de la ville de Perpignan se compose de 60 volumes contenant 79 ouvrages, formant des articles spéciaux dans notre Catalogue.

27 volumes proviennent sûrement des couvents du département supprimés à l'époque de la Révolution.

Savoir :

— 9 du monastère de Saint-Michel-de-Cuxa (Bénédictins). Ce sont les n°s 5, 7, 9, 16, 17, 32, 35, 76, 79 ;

— 8 du couvent de Saint-Joseph (Carmes Déchaux), de Perpignan. Ce sont les n°s 10, 13, 18, 30, 33, 37, 70, 74 ;

---

(1) *Instructions pour la rédaction d'un inventaire des incunables conservés dans les Bibliothèques publiques de France.* par Léopold DELISLE.

— 5 du couvent des Capucins, de Perpignan. Ce sont les nos 8, 11, 29, 46-49 (1), 69 ;

— 1 du couvent de Notre-Dame-de-Grâce (Grands-Augustins), de Perpignan. C'est le n° 45 ;

— 1 du couvent de Saint-François de l'Observance, de Perpignan. C'est le n° 65 ;

— 2 du couvent de Notre-Dame-de-la-Victoire (Minimes). Ce sont les nos 1, 20 ;

— 1 du couvent des Dominicains ou Frères Prêcheurs, de Perpignan. C'est le n° 14-15 (2).

Le n° 21, qui est le *Speculum Sapientiæ*, de S. Cyrille, semble provenir du couvent de Saint-Pons-de-Tomières, en Languedoc. Nous ne savons par suite de quelles circonstances ce beau livre était venu aux mains de Campagne, qui le donna à la Bibliothèque ; il n'est signalé ni dans les Catalogues manuscrits de Campagne et de Henry, ni dans le Catalogue imprimé de Fourquet.

32 volumes proviennent de lieux inconnus, probablement de maisons d'émigrés ou de la bibliothèque de l'ancienne Université, dont les livres ne portaient aucun signe de possession.

Un seul incunable, le n° 53 du Catalogue dressé par Fourquet, n'a pas été retrouvé. C'est un *De civitate Dei*, de saint Augustin, imprimé à Naples en 1477, in-folio. Ce livre figure aussi dans le Catalogue manuscrit de Henry, sous le n° 384 de la section de théologie. Si Fourquet l'a réellement vu, il a disparu de la Bibliothèque depuis 1866 environ ; je dis « réellement vu, » parce que le livre peut avoir disparu de nos collections bien avant. En effet, il est hors de doute que Four-

(1) Ce sont quatre ouvrages de Perez de Valence, imprimés à des dates différentes et réunis dans le même volume.

(2) Un volume contenant : 1° OEuvres diverses de Boèce, imprimées en 1492 ; 2° *Traité de la Consolation*, imprimé en 1497.

quet, en faisant son Catalogue, n'a pas vu et manié les livres qu'il inventoriait : il a reproduit les erreurs commises par Henry, n'a pas signalé les différents ouvrages qui se trouvent dans un même volume, de sorte que plusieurs incunables, qui certainement se trouvaient dès cette époque à la Bibliothèque, ne figurent pas dans son Catalogue. On le verra bien par le tableau de concordance des numéros de notre inventaire et ceux du sien. M. Fourquet mit la charrue avant les bœufs : il rangea *par lettre alphabétique*, sur ses listes, les auteurs contenus dans le Catalogue manuscrit de Henry et leur donna un numéro à la file ; mais, comme les livres se trouvaient rangés *par formats* sur les rayons, il dut renoncer à leur donner les numéros du Catalogue qu'il venait de faire imprimer, et qui n'a jamais servi à rien.

Ajoutons que, jusqu'en 1877, aucun livre de la Bibliothèque n'avait été estampillé. L'opération de l'estampillage n'a guère commencé qu'en 1878. Il y a eu certainement des soustractions avant cette époque, car nous nous sommes assuré que certains livres *imprimés à Perpignan* aux XVIᵉ et XVIIᵉ siècles étaient absents ; mais c'est surtout au manque de « registre de prêt » qu'il faut attribuer cet état de choses. *Quoi qu'il en soit, nous n'avons à signaler qu'un seul absent pour la partie qui nous occupe ici, et nous avons ramené à la vie plusieurs oubliés.*

On remarquera que le nombre des incunables provenant des couvents supprimés par la Révolution est relativement peu important : 27 volumes sur 60 qui nous restent. Il y en avait certainement davantage, mais nous ignorons ce qu'ils sont devenus pour la plupart. Nous allons voir, en tout cas, que le dépôt formé à l'Université (Musée actuel) à partir de 1790, contenait des incunables qui ne nous ont pas été conservés : peut-être provenaient-ils des couvents de la province.

En effet, une liste qui nous a été conservée (1) donne comme existant dans le dépôt les ouvrages dont voici le numéro et le titre :

7626. — Prima pars Summe theologie Sancti Thome de Aquino. Venetiis, Antonius de Strata de Cremona, 1484, in-fol.
— (Sans numéro à la suite :) Summa ejusdem de veritate. Egripine, Henricus duentell, 1499, in-fol.

1189. — Opera et tractatus beati Anselmi archiepiscopi cantuariensis ordinis S^i Benedicti. Nuremberge, hochfeder, 1491, in-fol.
— Huic annectuntur questiones Petri de Alliaco cardinalis camerasencis super libros sententiarum. Argentine, 1490, in-fol.

6511. — Concordia discordantium canonum. Venetiis, ab Thomas de blavis de Alexandria, 1486, in-4°.

7556. — Speculum morale Vincentii alme Belvacensis ecclesie præsulis. Venetiis, Liechtenstein, 1493, vol. in-fol.

6238. — Ropertus holkot super librum sapientie. Basilea, 1489, in-fol.

6544. — Publius Virgilius cum interpretatione Christophori Landini Florentini. Venetiis, Antonius Lambillio, 1492, in-fol.

6840. — Fortalicium fidei, 1487 (sans autre indication).

6244. — (Les indications suivantes sont écrites de la main du bibliothécaire Campagne :) Summa fratris Rainerii de Pisis ordinis predicatorum. Venetiis, Liechtesteyn, 1486, 2 vol. in-fol.

7356. — Opera de Ales Alexandri. Nuremberge, 1482, 4 vol. in-fol.

6437. — Summa ejusdem in magistrum sententiarum. Papiæ, Giraldenchus, 1489, in-4°.

En tout 12 ouvrages formant 15 volumes.

De ces volumes, un seul nous reste ; c'est le n° 1189, qui constitue les n°s 2 et 3 de notre Catalogue. Il faut peut-

(1) *Documents relatifs à la Bibliothèque de la Ville*, MANUSCRITS. n° 106.

être y ajouter le *Fortalicium fidei*, dont la liste ne donne ni le format ni le nom de l'imprimeur.

Mais, que sont devenus les autres 13 volumes ? Nous l'ignorons pour le moment. Ce qui est certain, c'est qu'ils n'existaient déjà plus à l'Université à l'époque où Henry rédigea son Catalogue.

Nous sommes mieux fixés sur le sort d'une dizaine d'incunables qui, du dépôt de l'Ecole Centrale, passèrent à la bibliothèque du Séminaire de Carcassonne en 1804. Voici comment.

Par une lettre du 9 germinal an XI, le ministre de l'intérieur accordait à l'évêque de Carcassonne, pour la bibliothèque de l'évêché, un certain nombre de livres traitant de matières théologiques, à prendre dans le dépôt de l'Ecole Centrale des Pyrénées-Orientales. L'évêque délégua à cet effet le chanoine La Boissière qui, de concert avec le bibliothécaire Campagne, dressa une liste de 1778 volumes. Il y avait autre chose que de la théologie, puisque j'y vois un *Commines* de 1543, *les Mémoires politiques et militaires pour servir à l'histoire de Louis XIV et de Louis XV* par l'abbé Millot, et autres. Parmi les livres de théologie se trouvaient les suivants, imprimés au XVe siècle :

5426[1]. — Lyra (Nicolaus) in quatuor evangelistas, 1 vol. in-fol.

5130. — Biblia sacra cum commentariis de Lyra (Nicolai), 4 vol. in-fol., car. goth.

7168. — Expositio canonis missæ, auct. Biel (Gabriele). Lugduni, Alemanus, 1500, 1 vol. in-fol.

7555. — Sermones Sancti Vincentii. Argentinæ, 1489, 3 vol. in-fol.

(1) *Documents relatifs à la Bibliothèque de la Ville*, MANUSCRITS, n° 106 : « *Etat des livres du Dépôt de l'Ecole Centrale qui ont été remis à M. l'Evêque de Carcassonne pour la Bibliothèque de son évêché, en vertu de la lettre du Ministre de l'Intérieur sous la [date] du 9 germinal an* II *avec son reçu ci-joint.* »

4541 — Summula confessionis auctore Antonino Florentino, 1 vol. in-4°, car. goth.

2139. — Mayrone (Francisci) Sermones. 1491, 1 vol. in-4°, car. goth.

5798. — Summa de potestate ecclesiastica auct. de Ancona (augustino). Romæ, 1475, 1 vol. in-4°.

3694. — Sophologium Jacobi magni, 1 vol. in-4°. (La même éd. probablement que celle qui nous reste ; voyez n° 41 des Incunables.)

5427. — De Turrecremata (Joannis) in psalmos, 1 vol. in-4°.

803. — Speculum ecclesiæ una cum speculo sacerdotum auct. Hugone Cardinali, 1495, 1 vol. in-12.

Le chargé de pouvoirs de l'évêque de Carcassonne signa le reçu des 1778 volumes le 2 nivôse an XII ; l'évêque le signa le 5 thermidor (24 juillet 1804). Ces livres, bien entendu, ne sont jamais plus revenus à Perpignan.

Si nous ajoutons les 15 volumes livrés à l'évêque de Carcassonne aux 13 volumes dont nous ignorons la destinée, nous avons 28 volumes incunables disparus du dépôt avant 1820, époque où Henry fit son Catalogue, car il n'en signale aucun. Avec les 60 volumes existant aujourd'hui à la Bibliothèque, nous trouvons 80 volumes. Nous sommes encore loin du chiffre que signalait Campagne lorsqu'il disait, dans ses *Notes sur la Bibliothèque de l'Ecole Centrale du département des Pyrénées-Orientales* : « Il n'y a dans ce département que l'ancienne Bibliothèque publique de la ci-devant Université... Elle est composée de plus de 12,000 volumes parmi lesquels il y en a plus de *cent* imprimés dans le XV° siècle » (1).

C'est donc une cinquantaine de volumes incunables qui ont disparu du dépôt de l'Université vers le commencement du siècle. Ces pertes sont infiniment regrettables, à en juger par ce qui nous reste. On remarquera même que

(1) *Documents relatifs à la Bibliothèque de la Ville*, MANUSCRITS, n° 106.

nous possédons des éditions que Hain n'a pas connues, ce qui indique qu'elles sont rarissimes.

J'ai eu l'occasion de parler ailleurs des origines de l'imprimerie en Roussillon (1). Qu'il me suffise de dire ici que c'est Jean Rosembach qui, le premier, importa l'art de l'imprimerie à Perpignan, en 1500. Cette même année, en effet, il donna le *Breviarium Elnense*, que la Bibliothèque ne possède malheureusement pas.

Pierre VIDAL.

---

(1) Voyez mon *Histoire de la ville de Perpignan, depuis les origines jusqu'au Traité des Pyrénées*. Paris, Welter, 1897, un fort vol. illustré, pp. 451-455.

CONCORDANCE DES NUMÉROS DU PRÉSENT CATALOGUE

AVEC LES NUMÉROS DU CATALOGUE DE FOURQUET

ET DU *Repertorium bibliographicum* DE HAIN.

CATALOGUE VIDAL.	CATALOGUE FOURQUET.	REPERTORIUM DE HAIN.
1	625	445
2	32	841
3	32	1134
4	4892	1943
5	manque.	2155
6	4892	2537
7	121	2818
8	145	3061
9	147	3067
10	5604	3248
11	4805	3321
12	manque.	3324
13	1667	manque.
14	4806	3351
15	4806	3352
16	215	4026
17	5226	4103
18	692	4430
19	252	4562
20	5373	manque.
21	manque.	manque.
22	manque.	8153
23	3141	6693
24	1057	7160
25	manque.	7526

CATALOGUE VIDAL.	CATALOGUE FOURQUET.	REPERTORIUM DE HAIN.
26	manque.	7526
27	469	9088
28	1105	7905
29	975	8497
30	4112	8884
31	manque.	manque.
32	manque.	9279
33	3708	manque.
34	621	9814
35	667	10013 (?)
36	5358	10149
37	695	10190
38	manque.	10240
39	4846	10258
40	1775	8147
41	1782	manque.
42	3735	10539
43	727	10559
44	4188	manque.
45	809	11938 / 11946 / 11935
46	1056	12592
47	manqué.	12591
48	manque.	(?)
49	1056	12591
50	1057	12599
51	id.	
52	id.	
53	id.	
54	id.	

CATALOGUE VIDAL.	CATALOGUE FOURQUET.	REPERTORIUM DE HAIN.
55	3782	manque.
56	manque.	12737
57	manque.	12992
58	4872	id.
59	6402	13133
60	5233	6934
61	5466	14229
62	547	14332
63	2945	14487
64	2945	14490
65	5188	14508
66	1830	14590
67	4361	14666
68	4892	14881
69	435	874
70	5482	15130
71	1003	15236
72	4375	manque.
73	4376	15432
74	5512	15790
75	5516	15797
76	1855	16032
77	5540	(?)
78	1076	16235

CATALOGUE
DES INCUNABLES

DE LA

BIBLIOTHÈQUE PUBLIQUE DE LA VILLE

DE

PERPIGNAN

---

1. — **ALBERTUS MAGNUS.** — *Compendium theologice veritatis.* — Venise, Pierre de Quarengiis, 1500. — In-4°.

(Sur le premier feuillet, dont le verso est blanc :) || Compendium theologice veritatis. — (Au haut du fol. 2 signé a2 :) || ℭ In nomine sancte et indiuidue trinita || tis. Incipit prologus super Compendium || theologice veritatis. (Fol. 88, col. 2, colophon :) ℭ Explicit compendium theologice verita || tis. Impressum Venetiis per magistrum || Petrum de quarengis Pergomensem. Anno || domini M.CCCCC. die vltimo julii. ||

Caractères gothiques. Deux colonnes de 47 lignes chacune, 88 folios non chiffrés, reliure du XVIe siècle en veau et bois. Provient du couvent des Frères Minimes de Perpignan (Notre-Dâme-de-la-Victoire), comme le prouve l'inscription suivante à la main, du fol. 2 signé a 2 : de bibliotheca ffratrum minimorum perpinianensium.

On a relié à la suite : Liber de ciuitate crhisti *(sic)* com || pilatus a magistro ioan || ne genesii quaye de || parma ordinis mi || norum sacræ theo || logiae magi || stro.

Imprimé à Reggio par Vgo de Rugeriis. en 1501.

Hain, *445. — Fourquet, 302.

2. — **ALIACO** vel **AILLIACO** (Petrus de), cardinalis cameracensis. — *Questiones super libros sententiarum* (de Pierre Lombard). — Strasbourg, sans nom d'imprimeur [M. Flach ?], 1490. — In-folio.

(Titre au haut du fol. 1, dont le verso est blanc :) || Questiones magistri Petri de || Ailliaco cardinalis cameracen || sis super libros sententiarum. || (Vient ensuite :) || Tabula questionum, qui occupe les ff. 2-16. || (Fol. 199 v°, col. 2, colophon :) Expliciunt questiones magistri Petri de || Ayliaco super libros sententiarum cum quibus || dam in fine adiunctis. Impresse Argentine || Anno domini M.CCCCXC. Finite altera die san || ctorum martyrum Tiburcii et Valeriani. ||

Caractéres gothiques, deux colonnes, de 52 lignes chacune, 200 folios non chiffrés, reliure du xve siècle en veau et bois. Relié à la suite des œuvres de S. Anselme, n° 3 du présent Catalogue.

Hain, 841. — Fourquet, 32.

3. — **ANSELMUS** (S.): Cantuariensis archiepiscopus. — *Opera et tractatus*. — Nuremberg, Gaspar Hochfeder, 1491. — In-folio.

(Titre sur le recto d'un fol. préliminaire dont le verso est blanc :) || Opera et tractatus beati Ansel || mi archiepiscopi cantuariensis. or || dinis sancti Benedicti. || (Table sur le recto du fol. 2 dont le verso porte en tête :) Clarissimo viro Johanni loffelholtz Nurenburgensi iuris imperialis cultori et stu || diorum humanitatis excellentissimo. Petrus danhuser. artium magister felicitatem. || (Au haut du fol. 6 recto, signé a :) || Prologus in librum. Cur deus homo. || (Folio 181 v°, col. 2, colophon :) || Explicit || Opera sancti Anselmi que is scripsit || hoc libro quam salutari sidore clauduntur. || Anno x̄p̄i M.CCCC. lxxxxj. die vero vi- || cesima septima martij Nurenberge. per || Caspar hochfeder : opificem mira arte || ac diligentia impressa. ||

Caractères gothiques, deux colonnes de 45 lignes chacune, 182 folios non chiffrés, reliure du XVᵉ siècle en veau et bois. On a relié à la suite : *Questiones magistri Petri de Ailliaco*, imprimées à Strasbourg en 1490. (Voir l'article précédent.)

HAIN, *1134. — FOURQUET, 32.

4. — **AUGURELLUS** (JOHANNES AURELIUS). — *Carminum liber primus.* — Vérone, sans nom d'imprimeur, 1491. — In-4°.

(Sur le verso du fol. 1 dont le recto est blanc :) || une figure sur bois représentant un heptacorde avec un archet à gauche. || — (Au haut du f. 2 non signé :) || Ad Illustrissimum principem Pandulfum Malatestam || Arimini dominum Ioannis Aurelii Augurelli Arimi || nensis carminum Liber primus. || (Fol. 38 r°, colophon :) || Ioannis Aurelii Augurelli Ariminensis carminum Li || ber primus explicit. Impressum Verone Anno domini|| M.CCCClxxxxi. die quinto Iulii. ||

Caractères romains, lignes courtes et longues en nombre variable, 38 folios non chiffrés. Relié avec d'autres ouvrages dans le *Recueil factice n° 4892 du Catalogue Fourquet.*

5. — **AUSMO** vel **AUXMO** (NICOLAUS DE). — *Supplementum Summae Pisanellae.* — Venise, François de Hailbrun et Nicolas de Francfort, 1476. — In-folio.

(Au haut du fol. 1, première col. :) || In *nomine domini* nostri Jhesu Christi. Amen. || Incipit liber qui dicitur Supplementum. || (Fol. 316 verso, col. 2 :) submitto correctioni. || Laus deo. — (Fol. 317 recto :) Incipit tabula capitul*orum* huius libri || Et p̊ de littera. A. — (Fol. 330 verso, tout de suite après la table :) || Incipiunt canones peni*tent*iales extracti de || verbo ad verbu*m* de su*m*ma fratris Astensis ordinis minorum li° 5°. titulo. 32°. || (Fol. 333 verso, fin de la col. 2, colophon:) || Impressum est hoc opus Venetiis *per* Fran || ciscum de Hailbrun. et Nicolaum de Frank || fordia socios. M.CCCC.LXXVI. || Laus Deo. || (Fol. 334 recto :) Primum consiliu*m* domini Alexandri de Neuo || Vincentini. iurius vtriusq*ue* doctoris. contra iudeos fenerantes. || (Le volume se termine au recto du fol. 355, au bas de la col. 2, par ces mots :) Datum Rome. 17. nouembris. M.CCCC.xli°. ||

Caractères gothiques, à deux colonnes de 47 lignes, 355 folios non chiffrés. Le premier feuillet porte au recto une inscription à la main indiquant que le volume provient du monastère de St-Michel-de-Cuxá : ad *usum Monasterii St. Michaelis de Cuixá*.

HAIN, *2155. — Manque dans FOURQUET.

6. — **BARTOLINUS** (PIUS ANTONIUS). — *Correctio locorum* LXX *Iuris civilis*. — Bologne, Dionysius Hectoris, s. d. — In-4°.

(Au haut du fol. 1 recto, sign. ai :) || Corriguntur in hoc opusculo. lxx. loca in iure ciuili & || Septem legum nouæ & ueræ sententiæ aperiuntur. || (Au-dessous :) Marii carpentarii Epigrama. || (Au haut du même fol., verso :) Pius Antonius bartolinus clarissimo uiro Ioanni || francisco aldrouando preclaræ rei publicæ Bono*n*ensis sexde || cemuiro ornatissimo.

S. P. D. || (Fol. 22 v°, colophon :) Impressum in inclita ciuitate Bononiæ per Daynesium || hectoris ciuem bononiensem. (A la fin :) Finis || quos diuersa capit millesima pagina diuos || Hic clausos minimo codice lector habes. ||

<small>Caractères romains et grecs, 27 lignes longues par page, 26 folios non chiffrés. — HAIN, *2537. Relié avec d'autres ouvrages dans le *Recueil factice* n° 4892 du *Catalogue Fourquet*. — Voy. plus haut, n° 4.</small>

7. — **BERGOMENSIS** (PETRUS). — *Tabula super omnia opera diuini doctoris Thomae Aquinatis.* — Bâle, Bernard Richel, 1478. — In-folio.

(En tête du fol. 1 et en rouge :) || I H E S V S. || Religiosissimi viri fratris Petri de bergomo ordinis predicatorum sacre theolo || gie professoris eximij super omnia opera diuini doctoris. Thome aquinatis ta- || bula feliciter incipit. || (Fol. 361 r°, colophon :) Religiosissimi viri fratris petri de Bergomo ordinis predicatorum. sacre || theologie professoris eximij. super omnia opera diuini doctoris Thome || Aquinatis tabula feliciter finit. Impressum finitumque Basilee per me || Bernhardum Richel ciuem Basiliensem. Anno 1478. (1478) die veneris que fuit || quarta mensis decembris. — Au-dessous, la marque de l'imprimeur avec les lettres B R, reliées entre elles par une ligne horizontale sur laquelle repose une petite croix.

<small>Caractères gothiques anciens. 42 lignes par page, 361 folios non chiffrés. Reliure du XVᵉ siècle en ais et cuir. Provient du monastère de Saint-Michel-de-Cuxà, comme l'indique une inscription à la main mise au bas du fol. 2 recto : *Ad usum monasterii S. Michaelis de Cuixà*.</small>

HAIN, n° *2818. — FOURQUET, 121.

8. — **BIBLIA** *latina*. — Venise, Nicolas Jenson, 1476. — In-folio.

(Premières lignes du fol. I :) || Incipit epistola sancti Hieronymi ad Paulinum || presbyterum de omnibus diuine historie libris Capitulum I. || (Au-dessous :) [F] Rater am || brosius tua mi || hi munuscula || perferens detulit || simul et suauissi || mas litteras : que || a principio ami || citiarum fidem probate... || (Fol. 425 v°, col. 2, colophon :) Biblia impressa Venetiis ope || ra atque impensa Nicolai Jen || son Gallici. M.CCCC.lxxvj. (Au haut de la première colonne du fol. suivant, signé R :) Incipiunt interpretationes he || braicorum nominum secundum || ordinem alphabeti. || Au recto du dernier fol. dont le verso est blanc :) Expliciunt interpretatio || nes hebraicorum nominum. Laus deo. ||

    Caractères gothiques, deux colonnes de 52 lignes chacune, 471 folios non chiffrés. Le fol. 472 portant le registre n'existe pas dans notre exemplaire. Reliure moderne en carton. Provient du couvent des Capucins de Perpignan, comme l'indique une inscription mise sur le fol. I : *ad usum capucinorum conuentus perpinianensis.*

    HAIN, *3061. — FOURQUET, 145.

9. — **BIBLIA** *latina*. — Venise, Léonard Wild, 1478. — In-folio.

(Premières lignes du fol. I :) || Incipit epistola sancti Hieronymi ad Pau || linum presbyterum : de omnibus diuine hi || storie libris. Capitulum. I. || (Au-dessous, et après un blanc de quelques centimètres :) (F) Rater Ambrosius tua || mihi munuscula per || ferens : detulit simul et suauissimas litteras : que a principio : amicitiarum fidem : probate... || (Fol. 422 v°, col. 2, colophon :) Explicit biblia impressa Venetijs per Leo || nardum vuild de Ratisbona expensis Ni || colai de franckfordia. || M. CCCC. LXXVIII. || (Au haut du fol. suivant, signé A :) Incipiunt interpretationes hebraicorum ||

nominum *secundum* ordinem alphabeti. || (Fin de la troisième colonne de l'avant-dernier fol., verso :) Expliciunt interpretatio || nes hebraicorum nominum. || Laus deo. ||

<small>Caractères gothiques, deux colonnes de 52 lignes ; manquent les cahiers t et v ; au cahier 5, manquent les folios 3 et 5-10. 456 folios non chiffrés, reliure du xve siècle en veau et bois. Provient du monastère de St-Michel-de-Cuxà, comme l'indique la note suivante écrite sur le premier feuillet: *ad usum monasterii S. Michaelis de Cuixá.*</small>

Hain, 3067. — Fourquet, 147.

10. — **BLONDUS** (Flavius) Foroliviensis. — *Historiarum romanarum decades tres.* — Venise, Octavianus Scotus Modoetiensis, 1483. — In-folio.

(Au haut du fol. 5, signé az :) || Decadis primae liber primvs || Blondi Flauii Forliuiensis historiarum ab inclinatione Romanorum Imperii liber primus. || (R) omanorvm imperii originem incre || mentaque… || (Fol. 383 r°:) || Finis historiarum Blondi quas morte præuentus non compleuit : cum tamen interim Romam instau || ratam tribus libris. Italiam illustratam libris. viii. Et romam triumphantem libris. x. absoluerit. || Impressarum Venetiis per Octauianum Scotum Modoetiensem Anno salutis. m. cccc.lxxxiii. xvii. Kalendas augusti Ioanne Mocenico Inclyto Venetiarum Duce. ||

<small>Caractères romains. 42 lignes longues par page. 387 fol. non chiffrés, reliure en parchemin. Provient du couvent de Saint-Joseph de Perpignan, comme l'indique la note suivante du fol. 5 : *Conuentus Sti josephi Perpinianensis carmelitarum discalceatorum.*</small>

Hain, *3248. — Fourquet, 5604.

11. — **BOCCACCIO** (Giovanni) da Certaldo. — *Genealogiæ deorum et Liber de Montibus, Silvis, Fontibus,* etc. — Venise, Bonetus Locatellus, 1494. — In-folio.

(**Titre sur le fol. 1 :**) Genealogiæ Ioannis Boccatii : cum demonstrationi || bus in formis arborum designatis. Eiusdem de || montibus & syluis. de fontibus : lacubus : || & fluminibus. Ac etiam de stagnis || et paludibus : necnon & de || maribus : seu diuersis || maris nomi || nibus. || (En tête du verso du même fol. :) Tabula || (sur le verso du fol. 15, gravure). (Au haut du fol. 16 recto :) Liber secundus || Genealogiæ deorum gentilium. Liber secundus incipit. Prohœmium. || (Au bas du fol. 116 :) Genealogiæ deorum gentilium secundum Ioannem Boccatium de Certaldo : ad Illustrem principem Vgonem || Hierusalem & Cypri regem liber quintus-decimus & ultimus explicit. || (Premières lignes du fol. 132 verso :) Ioannis Boccatii de Certaldo : de Montibus : Syluis : || Fontibus : Lacubus : Fluminibus : Stagnis seu Paludi || bus : de nominibus Maris : Liber incipit fœliciter. || (Fol. 162 r°, colophon :) Venetiis ductu & expensis Nobilis uiri. D. Octauia || ni Scoti ciuis Modoetiensis. M. CCCC. XCIIII. Septi || mo kalendas Martias finis impositus fuit huic operi. || per Bonetum Locatellum. || (Au-dessous, une marque typographique avec les lettres O S M dans une circonférence coupée par un diamètre sur lequel repose une croix double.)

Caractères romains, à longues lignes jusqu'au bas du f. 116 recto ; à deux colonnes à partir du f° 132 verso. Tables à 3 colonnes entre les fol. 116 v° et 132 r°. 162 folios, numérotés à l'impression ; cartonnage très ordinaire. Provient du couvent des Capucins de Perpignan, comme l'indique cette suscription du f° 1 : *ad usum || capucinorum conventus perpinianensis*.

Hain, *3321, le début. — Fourquet, 4805.

12. — **BOCCACCIO** (Giovanni) da Certaldo. — *Genealogie deorum et Liber de montibus, sylvis, fontibus, etc.* — Venise, Manfredus de Streuo de Monteferrato, 1497. — In-folio.

(Titre sur le recto du fol. I, en caractères gothiques :)
|| Genealogie Joannis boccatii. cum demon || strationibus in formis arborum designatis. || Eiusdem de montibus et siluis. de fontibus || lacubus et fluminibus. ac etiam de stagnis et || paludibus : necnon et de maribus. seu diuer || sis maris nominibus. || (Au verso du même fol. commence la table qui se termine au fol. v verso. Les « Genealogiæ » commencent au fol. vi et se terminent au bas du fol. cxvi. Table au verso de ce même fol. jusqu'au bas du recto du fol. cxxxii. Le traité *De Montibus*, etc., commence au verso de ce même fol.) (A la fin :) Impressum Venetiis per me Manfredum de Streuo || De Monteferrato. Anno ab incarnatione Omnipo || tentis Dei. m.cccc.xcvii. Octauo kalendas || Aprilis. Amen. ||

<small>Caractères romains, à longues lignes jusqu'à la fin du fol. cxvi recto ; à deux colonnes à partir du f° cxxxii verso. Tables à 3 colonnes, 162 folios, numérotés à l'impression en chiffres romains, sauf le dernier ; reliure du xv° siècle en bois recouvert de veau. On remarquera que cette édition a le même nombre de folios que celle de 1494 et que le foliotage correspond dans les deux éditions.</small>

Hain, n° *3324, la fin. — Manque dans le Catalogue Fourquet.

On a relié à la suite un *Aulus Gelius* imprimé à Venise en 1496. Voyez plus loin, n° 25.

13. — **BOETIUS** (Annius Manlius Torquatus Severinus). — *De Consolatione philosophiæ cum Sancti Thome de Aquino commento.* — S. l. ni. d. (Lyon, Jean Syber, vers 1498 ?). — In-folio.

(Au haut du f° 2, signé a 2 :) Sancti thome de aquino super libris Boetii de con || solatione philosophie commentum cum expositione felici || ter incipit. || (P) Hilosophie seruias oportet vt tibi contingat vera libertas. || Hec sunt verba Senece octaua ep*isto*la ad lucillum quia uocari || ph*iloso*ph*iam* scientiam veritatis recte se habet ex sec*un*do methaphisice... || — (Vers le milieu du feuillet a 4 :) Metru*m* primum heroicu*m* elegiacum. || (C) Armina qui quondam || studio florente peregi || Flebilis heu mestos || cogor inire modos. || (Trois dernières lignes du texte, f° 160 recto :) lare non vultis necessitas indita probi || tatis : cum ante oculos agitis iudicis cun || cta cernentis. || — (Deux dernières lignes du commentaire sur le même folio :) scribitur ad hebreos quarto. Omnia nuda et aperta sunt oculis eius qui est deus || benedictus in secula seculorum. AMEN. || — Le verso du f° 160 est blanc. La Table commence au haut du f° 161 et se termine par ces mots au milieu du verso du f° 167 : Explicit tabula Boetii *(sic)*. — Le dernier folio est blanc.

<small>Caractères gothiques. Le commentaire est disposé au haut, au bas et sur le côté extérieur des pages. Il a 44 lignes. 168 folios non chiffrés. — NON CITÉ PAR HAIN. FOURQUET, 1667, le cite avec cette indication : « XV° seculo. » — F° 1, à la main : *Ex libris conuentus S. Josephi perpinianensis carmelit. discalceatorum prouinciæ Aquitan.*</small>

14. — **BOETIUS** (ANNIUS MANLIUS TORQUATUS SEVERINUS). — *Opera varia*. — Venise, Johannes et Gregorius de Gregoriis, 1492. — In-folio.

(Titre sur un feuillet préliminaire :) Hec sunt opera Boetii. que || in hoc volumine continentur. || In porphirii Isagogen a Victorino translatam editio prima. || In Porphirii Isagogen a Boetio ipso translata*m* editio secunda. In cathogorias *(sic)* Aristotelis. editio vna. || In librum Aristotelis. de interpretatione editio prima. || In eundem librum de interpretatione editio secunda. || De diuisionibus liber vnus. || De definitionibus liber vnus. || Ad cathegoricos syllogismos introductio. || Commentariorum in Topica Ciceronis libri sex. || De differentiis Topicis libri quattuor. || De syllogismo cathegorico libri duo. || De syllogismo hipothetico libri duo. || De trinitate libri duo. || De hebdomadibus liber vnus. || De vnitate et vno liber vnus. || Contra euthichen. et Nestorium de duabus naturis : et vna per || sona christi liber vnus. || — En tout 16 traités. — (Sur le recto et le verso du feuillet préliminaire suivant:) Tabula. || INcipit Tabula super || Isagoges a Victorino || et Boetio translatas... (Au haut du fol. I :) Prime editionis in porphi. li. i. || ℭ Anitij Manilij Seuerini Boetij viri clarissi || mi in Porphirii phenicis Isagogen a Victori || no translatam commentariorum editio prima. || Par erreur le folio 19 est chiffré 18, le folio 184 est chiffré 185 ; au lieu de 195, on a mis 145 ; enfin, le folio 199 est répété deux fois, ce qui donne 202 folios au lieu de 201. — (Titre sur le recto d'un fol. non chiffré :) Arithmetica et Musica Boetii. || Le fol. suivant est chiffré 156 et la pagination se continue jusqu'au fol. 223, qui est le dernier. — (A partir du fol. 218 le foliotage est fautif ; l'ouvrage se termine au fol. 223 chiffré 220 par erreur ; colophon :) Venetiis impressum Boetii opus per Joannem et Gre || gorium de gregoriis fratres fælici exitu ad finem usque perductum || accuratissimeque emendatum Anno humane restaurationis. || 1492. die. 18. Augusti. Augustino Barbadico Serenissi- || mo Venetiarum principe Rem publicam tenente. ||

<small>Caractères gothiques, deux colonnes, lignes en nombre variable. Marque typ. au verso du fol. 223 avec les lettres Z G. Reliure en parchemin.</small>

HAIN, n° *3351 en partie (avec des différences dans la disposition des lignes, si Hain a bien copié). — FOURQUET, 4806. — Provient du couvent des Dominicains de Perpignan. — A la suite : *De Consolatione*, imprimé à Venise en 1497. Voyez le n° 15.

15. — **BOETIUS**. — *De Consolatione et de disciplina scholarum.* — Venise, Johannes et Gregorius de Forlivio, 1497. — In-folio.

(Titre sur le premier feuillet préliminaire :) || Boetius de consolatione. et || de disciplina scholarum. || (Au haut du second feuillet préliminaire :) Incipit tabula super libris Boetii de consolatione phi || losophie secundum ordinem alphabeti. (Au haut du f° I :) Prologus || Eximii preclarique doctoris Thome super libris Boetii || de consolatu philosophico commentum feliciter incipit. — (F° 65 verso :) ☧ Anicii (sic) Torquati Seuerini Boetii viri nominis celebri || tate quammemorandi (sic) : textus de philosophie consolatione || cum editione commentaria beati Tome (sic) de aquino ordi || nis predicatorum || finit feliciter. (Au haut de la seconde colonne du même folio :) ☧ In diui. Seuerini. Boetii de scolarium. disci || plina commentarium feliciter incipit. (A la fin, bas du f° 92, seconde colonne :) Adest finis Diui. Seuerini Boetii de conso || latione. necnon de scolarium disciplina mellifluis || operibus cum sancti Tome (sic) super vtroque com || mentariis. in hoc eodem volumine. || ☧ Impressis venetiis per Ioannem de Forliuio et || Gregorium fratres Anno salutis. mcccclxxxxvii || die. x. februarii. ||

<small>Caractères gothiques, deux colonnes, lignes en nombre variable. 92 folios numérotés à l'impression et dont le 24 est noté 14 par erreur ; plus 4 feuillets préliminaires pour le titre et la table. Dans le même volume que le précédent.</small>

Hain, *3352, en partie. — Fourquet, 4806.

16. — **BRUTUS** (Jacobus) Novocomensis. — *Corona aurea de laudibus litterarum.* — Venise, Johannes de Tridino alias Tacuinus, 1496. — In-4°.

(Titre sur le recto du fol. 2 :) || Corona Aurea coruscantibus gem || mis : et preciosissimis conserta || margaritis in qua he per || pulchre et scientifice || materie parisiensi || more pertra || ctantur. — (Au haut du fol. 3, recto :) Ad Illustrissimum atque Excellentissimum Principem : & domi || num suum : dominum Ioannem Franciscum de Gonzaga Mar || chionem : Rhodigiique comitem : Iacobi Bruti cluriensis ex castello || ab aqua ualli stelline : artium & diuinae philosophiae professoris || In coronam Auream. || Præfatio. — (Fol. 208 v°, colophon :) Finit Corona aurea impressa Venetiis per Ioannem de Tridino || allas *(sic)* Tacuinum. M.CCCC.lxxxxyi. die. xv. Iannarii. || — **Sur le recto du dernier folio, le registre et la marque de l'imprimeur.**

<small>Caractères romains, 9 lignes longues par page. 209 folios non chiffrés, reliure du xvᵉ siècle en bois et veau. — Provient de St-Michel-de-Cuxà, comme l'indique une inscription à la main mise sur le f° 2 : *ad usum Monasterii S. Michaelis de Cuixà.*</small>

HAIN, *4026. — FOURQUET, 215.

17. — **BURGO** (DIONYSIUS DE). — *Commentarii in Valerium Maximum.* — S. l. ni d. — In-4°.

(Commencement du volume, f° 2, recto :) || Incipit epistola super declaratione Valerii Maxi || mi. Edita a fratre dyonisio de Burgo sancti sepulcri. || ordinis fratrum heremitarum sancti Augustini. — (Au haut du f° 3 recto :) Capitulum primum. De religione. || — (Derniers mots du livre, bas du recto de l'avant-dernier feuillet dont le verso est blanc :) Et ip || se deus colitur in cuius quidem cultu sincero eterna vita promit || titur. In secula seculorum. Amen. ||

<small>Caractères romains, 36 lignes longues par page, sans chiffres, réclames ni signatures. 372 folios dont le premier et le dernier sont blancs. On suppose, selon Brunet, que ce livre a été imprimé à Strasbourg par</small>

Mentelin, de 1472 à 1475. Selon Hain, n° 4103, il aurait été imprimé à Strasbourg vers 1471. Reliure du xve siècle en bois et veau. — Provient du monastère du Saint-Michel-de-Cuxà, comme l'indique une inscription à la main mise au bas du fol. 2 recto : *ad usum Monasterii S. Michaelis de Cuixà.*

HAIN, 4103. — FOURQUET, 5226, sous ce titre : Dyonisii de Burgo. Glossæ super Valerium Maximum.

18. — **CARACCIOLUS** (ROBERTUS) de Licio. — *Opus quadragesimale quod de poenitentia dictum est et Sermones.* — Venise, Vendelinus de Spiere, 1473. — In-4°.

(Au haut du premier feuillet qui a été rapporté et qui ne semble pas se trouver ici à sa place :) || Hec est tabula omnium sermonum contentorum hoc in volumine. —(Au haut du f° 2 :) Sacre theologie magistri necnon sacri eloquij preconis celeberrimi fratris || Roberti de Litio ordinis minorum professoris opus quadragesimale perutilis || simum quod de penitentia dictum est. Feliciter incipit. (A la fin du *Quadragesimale opus*, f° 266 r° :) Vendelinus ego gentis cognomine spiere || Roberti *(sic)* haec caste purgata uolumina pressi || Sedis apostolice Romano praeside Sixto || Magnanimo et uenetum Nicolao principe Truno. || M.CCCCLXXIIJ. || — (A la suite viennent, après un feuillet blanc :) 1° Sermo in festo annunciationis virginis marie et eiusdem Roberti cum duobus || aliis sermonibus sequentibus. seu. de predestinato numero damnatorum et de cathenis. (Manquent deux feuillets dans le dernier de ces trois sermons) ; — 2° [Determinatio beatam virginem ab originali culpa esse preservatam, traité composé par Dominicus Bolanus.] L'ouvrage est incomplet. Il se termine dans notre exemplaire par cette ligne : graciis fecundata omni sanctitate in vtero matris repleta. Ad tercium... — (En téte une note manuscrite commence ainsi:) *Hec questio est caute legenda...*

<small>Caractères gothiques. 36 lignes longues par page, sans chiffres, réclames ni signatures; 370 folios, broché. Provient de la bibliothèque du couvent Saint-Joseph de Perpignan, comme l'indique une inscription mise à la main sur le recto du fol. 1 : *Ex libris Carmelitarum Discalceatorum conuentus Si josephi perpinianensis.*</small>

HAIN, *4430. — FOURQUET, 692.

19. — **CASSIANUS** (JOHANNES). — *De Institutis coenobiorum*, etc. — Bâle, s. n. d'impr., 1485. — In-folio.

(Titre sur le fol. I recto:) || Cassianus de || Institutis ceno || biorum || Origine causis et || remediis vitio || rum || collationibus pa || trum. — (F° I verso:) Auctor quis ac qualis fuerit : quos libros : ad quos : et de quibus || scripserit : commendatitia breuisque expositio. — (F° 2 recto:) Tabula alphabetica. || Incipit registrum in libros se || quentes Cassiani. — (F° 11 signé A:) Prefatio || Incipit prefatio beati Iohan || nis heremite qui Cassianus di || citur in duodecim libros de in || stitutis cenobiorum. et de octo || principalium viciorum remediis. || — (A la fin :) Expliciunt viginti quattuor col || lationes sanctorum patrum con || scripte ab iohanne heremita qui || et Cassianus dicitur. Impresse Basilee Anno domini MCCCC. || lxxxv.

<small>Caractères gothiques, deux colonnes, 205 folios, reliure du xv° siècle en bois et veau. L'exemplaire a souffert.</small>

HAIN, *4562. — FOURQUET, 252.

20. — **COMESTOR** (PETRUS) ou **PIERRE LE MANGEUR**. — *Historia scolastica*. — S. l. ni d. (xv° siècle, peut-être imprimé à Lyon). — In-folio.

(Fol. préliminaire 1 :) || Incipit tabula || super libris compositis a magistro perto *(sic)* || manducatoris in historia scolastica tam su || per veteri testamento quam nouo secundum ordinem || suum. Et primo. || De epistola magistri petri manducatoris || quam ipse premisit in suo libro scolastice hi || storie... || (Fol. préliminaire 5, au bas de la seconde colonne du verso :) Explicit tabula huius libri. Sequitur epi || stola magistri petri manducatoris etc. || (F° 1, première colonne, en titre :) Epistola magistri || petri manducato || ris quam ipse pre || misit sequenti ope- || ri. — (Fol. 1, seconde colonne, en titre :) Incipit scolastica historia. || (Fol. 196, titre sur la première colonne :) Explicit historia || euangelica. || Incipit historia || actuum apostolorum. || — (L'exemplaire se termine au f° 217 verso par cette ligne :) [Siracu] san. manserunt ibi triduo et inde venerunt reg (deux lettres effacées).

Caractères gothiques, deux colonnes de 45 lignes, 217 folios sans compter les 5 feuillets préliminaires. — Exemplaire incomplet, sans chiffres, réclames ni signatures, couvertures en parchemin. Provient du couvent des Frères de la Victoire (Minimes) de Perpignan, comme l'indique l'inscription suivante mise à la main au bas du recto du premier feuillet préliminaire : *Es del conbent de Nra Sora de la Victoria de Perpiña (sic)*.

Non cité par HAIN. — FOURQUET, 5373.

21. — **CYRILLUS** (SANCTUS). — *Speculum Sapientiae*. — S. l. ni d. — In-4°.

(Titre au haut du fol 1 :) || Speculum Sapientie beati Cirilli epi || scopi alias quadripartitus (le second r est renversé ɹ) apologieticus *(sic)* || vocatus In cuius quidem prouerbiis om || nis et totius sapientie speculum claret. || Feliciter incipit. (F° 115 recto, au bas :) Speculum Sapientie Beati alias Quadripartitus Apologi ||

eticus vocatus In cuius quidem prouer || biis. Omnis et totius sapientie Speculum || claret Finit feliciter. || Incipit tabula prouerbiorum toti- || us libri. et primo primi || i. Semper disce et in extremis horis sem || per sapientie stude fol. i. || ii. Nichil sibi homo est sine sapientie fol. iii. (La suite au verso et folios suivants). (A la fin, recto du f° 119 dont le verso est blanc :) Quicquid fecerint alii sis memor ipse tui || Mors tua. Mors xp̄i. finis mundi. gloria celi || Et pena tartari. sint meditanda tibi || Quicquid homo ferit presentis tempore vite || Hoc sibi messis erit. cum dicitur Ite. venite ||

<small>Caractères gothiques, longues lignes, 119 folios de 26 lignes par page, sans chiffres, réclames ni signatures.
N'est pas cité par HAIN. — BRUNET (Manuel du Libraire, t. I, p. 823, 4e éd.) dit que ce livre a été imprimé en Allemagne de 1475 à 1480. Peut-être a-t-il été imprimé à Lyon par Martin Huss, vers 1476. — Oublié par FOURQUET. — Donné à la Bibliothèque par le bibliothécaire Campagne. Ce livre provient de l'abbaye de Saint-Pons-de-Tomières, comme l'indique cette note qui se trouve sur le dernier feuillet de garde du commencement : Ex bibliotheca S. Pontii To.</small>

22. — **DAGUI** ou **DE GUI** (PETRUS). — *Metaphisica*. — Séville, Stanislaus Polonus, 1500. — In-4°.

(Titre sur le recto du f° I, dont le verso est blanc :) || Methaphisica magistri || Petri Dagui. — || (Premières lignes du f° II signé Aii :) eFlagitasti sepe Ioannes montis serrati in || artibus magister & in medicina bacalla || rie : ut opus illud... (Fin de l'avant-dernier folio :) Composuit magister petrus dagui hoc opus in regno maioricarum in podio rande uigesimo die septembris. anno domini. Millesimo octuagesimo quinto. || CCCC. || — (Au haut du recto du dernier folio :) Absolutum opus de formalitatibus cum quibusdam || preambulis introductiuis ipsarum uulgo nomina || tum methaphisica. Impressum hispali opera et diligentia Stanislai poloni. impensis uero domini || Ioannis montis serrati in artibus magistri et in me || dicina bacalarii. die uigesimo secundo mensis iu || nii. anno domini millesimo quingentesimo. ||

(Vient ensuite la marque de l'imprimeur avec son nom :) *S* POLONVS. — (Au-dessous :) In registro huius libri omnes sunt quaterni : pre- || ter duplex. b. qui est quinternus. & in quinto qua || terno. S. e. stat. d. tertium pro. e. tertio. ||

<small>Caractères romains, longues lignes, 214 folios non chiffrés de 28 lignes, reliure en parchemin. Le volume contient aussi le *Tractatus de differentia*, de Ramon Lull, nº 40 du présent Catalogue.</small>

HAIN, 8153 (au mot *Gui*). — FOURQUET, 1692 (au mot *Dagui*).

23. — **EUCLIDES**. — *Elementa geometriae latinis cum Campani annotationibus*. — Venise, Erhardus Ratdolt, 1482. — In-folio.

(Le folio 1 est collé sur la couverture par le recto, qui était blanc ; — sur le verso :) || Erhardus ratdolt Augustensis impressor. Serenissimo || alme vrbis venete Principi Ioanni Mocenico. S. — (Fº 2 recto, entouré d'ornements gravés sur bois, titre en rouge :) Preclarissimus liber elementorum Euclidis perspi-|| cacissimi : in artem Geometrie incipit quam foelicissime. || — (A la fin, bas du verso du fº 137 et dernier :) Opus elementorum euclidis megarensis in geometriam artem In id quoque Campa || ni perspicacissimi Commentationes finiunt. Erhardus ratdolt Augustensis impressor || solertissimus. venetiis impressit. Anno salutis. M.CCCC.lxxxij. Octauis. calendis || Iunii. Lector uale. ||

Caractères gothiques, longues lignes, 137 folios non chiffrés. Les lettres majuscules initiales sont ornées. Les figures géométriques occupent les marges.

HAIN, *6693. — FOURQUET, 3141.

24. — **FLORENTINUS** (PAULUS). — *Tabula optima super Breuiario decretorum.* — Lyon, Mathias Huss et Johannes Battenschne de Alemania, 1484.—In-folio.

(Premières lignes du fol. liminaire I, dont le recto est blanc :) || Tabula optima super breuiario || decretorum. — Au-dessous, une gravure sur bois représentant l'auteur écrivant, avec les lettres suivantes au bas du cadre : +M+P+F+O+S+S. — (Sur le folio I, dont le recto est blanc :) Paulus Florentinus theologorum || minimus. Diui ordinis sanctispiritus *(sic)* || de Roma : reuerendissimo in Christo pa||tri et domino Innocentio romano eiusdem al||me religionis generali preceptori : Sa || lutem plurimam dicit. — (F° II recto, signé a2 :) Egregii theologie professoris magistri || Pauli Florentini diui ordinis sancti spi || ritus de Roma... (F° CXVI, bas de la seconde colonne :) Finis || Decretorum breuiarium omnibus perutile || Lugduni impressum per honorabiles vi || ros videlicet Mathias Hus et Iohannem || Battenschne de alemania. Anno domini || M.CCCCLXXXIIII. die. VI. Julii. (A la suite, f° CXVII :) Tabula Breuiarii Drecretalium || Incipit feliciter. — (F° CXIX :) Breuiarium decretalium perutile Incipit. ||

Caractères gothiques, deux colonnes, 128 folios numérotés en chiffres romains à l'impression, plus quatre feuillets préliminaires non chiffrés. — Exemplaire incomplet. Il se termine au folio CXXVII verso par cette ligne : *In. vnde mors subiit : inde vita venit de*

HAIN, n° 7160. — Le n° 1057 du Catalogue FOURQUET, qui contient cet ouvrage, ne le signale pas. Voyez plus loin au mot *Perez de Valentia*, n° 54.

25. — **GELLIUS** (Aulus). — *Noctes atticæ cum commentario*. — Venise, Johannes de Tridino, 1496. — In-folio.

(Sur le premier des feuillets liminaires :) || AVLVS GELIVS || (A la fin du dernier des feuillets liminaires :) ...Auctoritas tamquam prefationis admonitio in operis totius summa de noctium ordine capitulum xi. atque || (F° 1 signé c :) Liber. I.|| Auli Gellii noctium atti-carum || commentarii liber primus. || Plutarcus in libro quem οποσηψυχων και σωματων αντρω || πoις περι ευφυταν και αρετην διαφορα.... || (F° .cxviii, colophon :) Impressum Venetiis per Io || annem De Tridino alias Tacui || num Anno domini. m.cccc. || lxxxxvi. die vi. Aprilis. || (Au-dessous la marque typographique avec les lettres .Z. T. dans un double cercle ; le diamètre du cercle concentri-que supporte une croix à double traverse).

Caractères romains, longues lignes, cxviii folios numérotés à l'im-pression, plus 10 feuillets non numérotés. — Se trouve relié avec les *Genealogie deorum*, de Boccace, imprimées à Venise en 1497, n° 12 du présent Catalogue.

Hain, *7526. — Fourquet, manque.

26. — **GELLIUS** (Aulus). — *Noctes atticæ cum commentario*. — Venise, Johannes de Tridino, 1496. — In-folio.

Même édition que la précédente, mais incomplète.
Cet exemplaire finit au folio xl, tandis que le précédent, qui est complet, compte cxviii folios. Il manque donc plus de la moitié de l'ouvrage. — N'est pas signalé par le *Catalogue Fourquet*. Relié avec un Térence de 1499. Voyez plus loin, n° 73.

27. — **GERSON** (Johannes). — *Tractatus de medita-tione cordis*, etc. — Bologne, Dionysius et Peregri-nus, associés, 1485. — In-4°.

(Premières lignes du folio I, signé g et chiffré 67 par une main moderne :) || Sequitur tractatus de medita || tione cordis a M. iohanne de ger || sono. Primum capitulum. || (A la fin, f° 70, qui n'est que le quatrième en réalité :) Explicit de meditatione || cordis. || (F° 72 dont le recto est blanc :) Tabule capitulorum in libros sequentes. || -- (Premières lignes du folio 74 :) Incipit liber primus Joannis || Gerson cangellarii *(sic)* parisiensis. De || imitatione christi (xpi) et de contem- ptu om || nium vanitatum mundi. capi*tulum*.j.|| (Q) Ui sequitur|| me non ambulat in tenebril *(sic)* || etc.— (A la fin, colophon :) Explicit liber quartus et vltim || us de sacramento altaris.|| Iohannis Gerson cancellarii || pari- siensis. de contemptu mundi ||denotum et vtile opuscu- lum finit M. CCCC. lxxxv. per Dionysium et Peregrinum eius sotium bo || nonienses.|| Deo Gratias Amen.|| — (La marque de l'imprimeur au verso du même feuillet, qui ne porte pas autre chose).

Caractères gothiques, deux colonnes, majuscules initiales à la main. Le *Tractatus de meditatione cordis* était précédé d'un ou plusieurs autres ouvrages, puisque le premier feuillet est signé g et chiffré 67 (à la main).

HAIN, 9088 (moins le premier traité).

FOURQUET, 469, qui le donne comme imprimé à Lyon en 1495, le con- fondant avec les *Sermons* de Michel de Ungaria, qui sont à la suite. — Voyez plus loin, n° 31.

28. — **GRATIANUS.** — *Concordia discordantium canonum cum apparatu Bartholomaei Brixiensis.* — Venise, Thomas de Blavis de Alexandria, 1486. — In-4°.

(F° 2 recto, signé a2, en rouge :)|| In nomine sancte et indiuidue trinita || tis. Incipit concordia discordantium || canonum : ac primum de iure constitutionis ||nature et humane. Rubrica. (Premières lignes de la glose au haut du feuillet :) QUoniam (le Q en rouge) nouis *superuenientibus causis nouis est* remedi || is succurrendum. || (Sur le recto du dernier folio, en rouge, colophon :) Diuinus decreto*rum* codex impressus venetiis i*m* || pensa ac diligentia Thome de blauis de alexa*n*dria || feliciter explicit. anno salutis christiane (xp̄iane) millesimo || cccc.lxxxvj. die xxviij. iullij *(sic)*. Innocentio Quarto || pontifice maximo Marcho barbarico Incly || to venetorum duce. || (Au-dessous, marque typographique en rouge représentant un livre avec une couronne de duc en haut; en bas les lettres T A, le tout enfermé dans un cadre à trois lignes).

Caractères gothiques, deux colonnes, texte encadré par le commentaire. 520 folios. Reliure du xve siècle en bois et veau. La couverture du dos manque. L'exemplaire a souffert.

Hain, *7905. — Fourquet, 1105, au mot Bartholomœus Brierensis (mal lu pour *Brixiensis*).

29. — **HEROLT** (Iohannes), alias Discipulus ordinis praedicatorum. — *Sermones de tempore et sanctis cum Promptuario exemplorum et de B. Virgine.* — [Strasbourg, sans nom d'impr., 1489. — In-folio.]

(Les 7 premiers feuillets manquent. Au commencement du 8ᵉ :) || Pauperibus dat *deus* multos pueros commu*ni* || ter. et hoc quadruplici *ratione*. ser. cviij... (F° 22 verso :) Expliciunt inhi || *bitiones a communio* || *ne tempore pasce* — || (F° 23 recto, signé d :) Sermones disci || puli de tempore *per circulum* anni incipiunt... || (F° 322, verso, au bas de la col. I. :) Sermones discipuli de sanctis finiunt. — (F° 325 recto, signé U z :) Incipit prologus in promptuarium exe*m* || plorum discipuli *secundum* ordinem alphabeti.

Incomplet. La fin manque à partir du folio 422 inclusivement. [Les exemplaires complets portent sur le verso du folio 429 : Finit opus pe*r*utile simplicibus cura*m* *animarum* || gerentibus *per* venerabilem et deuotum Iohan || nem herolt Sancti Dominici sectatorem *pro* || fessum. de *tempore* et de Sanctis *cum* promptuario || exemplorum atque tabulis suis collectum Disci || pulus nuncupatum. Impressum Argentine || anno a Christi natali Octogesimonono. su || pra millesimum quaterque centesimum. || Laus deo.

(Viennent ensuite, fol. 430 recto :) || Allegationes abbre || uiate in precedentibus sermonibus posite. ||]

<small>Caractères gothiques, deux colonnes, 421 folios non chiffrés. Provient du couvent des Capucins de Perpignan, comme l'indique une inscription mise au bas du recto du folio 7 : *Ad usum ff. Capucinorum conuent. Perpiniani.*</small>

Hain, *8497. — Fourquet, 975.

30. — **HORATIUS** Flaccus (Quintus). — *Opera cum commentariis Landini.* — Venise, Bernardinus de Tridino, 1486. — In-folio.

(En tête du verso du folio I dont le recto est blanc, et en petites capitales :) || Ad Horativm Flaccvm || Ode dicolos tetrastro || phos Angeli Politiani. — (En tête du fol. II signé a ii, et en petites capitales, moins l'u de Qu :) Proemium || Christophori Landini Florentini in. Quinti. Horatii Flacci libros || omnes ad illvstrissimvm Gvidonem Feltrivm Magni Federici dv || cis filivm interpretationes incipivnt foeliciter. — (Titre du folio III signé a iii :) Vita poetae. || — (F° IIII, verso :) mOECENAS ATAVIS EDI || TE REGIBVS || O & præsidium & dulce de || cus meum. || — Le commentaire encadre le texte sur les trois côtés extérieurs. (A la fin, f° CLXXVIII recto, colophon :) Impressum uenetiis *per* magistrum Bernardinum de tridino ex monteferrato Anno salutis. m.cccc.lxxxvi. ||

Caractères romains, reliure du xv° siècle en bois et veau. 198 folios. Une inscription mise à la main sur le folio signé a i i indique que le livre provient du couvent de Saint-Joseph de Perpignan : *Conuentus S. Joseph (sic) Perpynanensis (sic) carmelitarum discalecatorum.*

Hain, *8884. — Fourquet, 4112.

31. — **HUNGARIA** (Michael de) seu Frater Hungarus. — *Sermones.* — Lyon, Hedmones David, 1495. — In-4°.

(Le folio I manque ; — f° II. :) || Alcidia. sermone. x. N. Item sermone. xi. F.|| Accidiosorum merces. sermone. x. N || adiutorium triplex...||(Premières lignes du folio 8 signé a :) Sermones tredecim vniuersales || Magistri Michaelis de vngaria inci || piunt feliciter. || — (A la fin, colophon :) Et sic est finis sit laus et gloria tri||nis Impressum lugdini *(sic)* per || Hedmonem || dauid. Anno domini. m.ccccxxxxv. xviii. mensis septembris. ||

Caractères gothiques, deux colonnes, moins le cahier liminaire de 6 feuillets, qui est à longues lignes. 54 folios, sans compter les 6 premiers, qui ont été numérotés à part. — Relié à la suite des deux traités de Gerson, n° 27.
N'est pas cité par Hain. — Oublié par Fourquet.

32. — **ISIDORUS**, episcopus hispalensis. — *Etymologiarum libri* xx ; *accedit liber « de Summo bono. »* — Venise, Petrus Loslein de Langencena, 1493. — In-folio.

(Premières lignes du folio I signé a :) || Incipit epistola Isidori iunioris hispalensis epi || scopi ad Braulionem cesaraugustanum episcopum. || — (F° 2 recto, au milieu de la première colonne :) Incipit liber primus etymologiarum || sancti Isidori hispalensis episcopi. || De disciplina et arte cap*itulum* .i.|| — (F° 101 verso, fin de la deuxième col. :) Finit liber etymologiarum || Isidori hispalensis episcopi. || (Suivent trois feuillets non chiffrés dont les deux premiers contiennent la table du traité *de Summo bono*, tandis que le troisième est blanc. Ensuite le foliotage reprend au chiffre 1). — (F° I signé A :) In christi nomine incipit liber primus sancti || Isidori hispalensis episcopi de summo bono... || (A la fin, f° 28, deuxième col., colophon :) Finit liber tertius et vltimus de summo bono || sancti Isidori hyspalensis episcopi : Impressus || Venetiis per Petrum loslein de Langenceñ. || .M.CCCC.lxxxiij. ||

<small>Caractères gothiques, deux colonnes, reliure moderne en demi-basane. 101 + 3 et 28 feuillets. Une inscription à la main mise au bas du recto du fol. I du *Liber primus etymologiarum* indique que le volume provient du monastère de St-Michel-de-Cuxá : *Ad usum monasterii S. Michaelis de Cuixá.*</small>

HAIN, 9279. — FOURQUET, manque.

33. — **JANUA** (BALBUS JOHANNES DE). — *Summa que vocatur catholicon.* — S. l. ni d. [imprimé à Lyon par Mathieu Huss]. — In-folio.

(F° 2 :) || Incipit summa que voca || tur catholicon edita a fratre Johanne de ianua ordinis fra || trum predicatorum. || p Rosodia quedam || pars grammatice nuncupatur. Parte || si quidem... || (Trois dernières lignes :) in cuius nomine flectitur omne genu celestium. terrestrium. et inferno || rum. Cui est honor et gloria. et magnitudo et magnificentia. Vir || tus et potestas. regnum et imperium in secula seculorum. Amen. || Au-dessous la marque typographique.

<small>Caractères gothiques, deux colonnes, reliure du XV° siècle en parchemin. 340 folios non chiffrés. — Provient du couvent St-Joseph des Frères Déchaux Carmélites de Perpignan, comme l'indique une inscription à la main du folio I : *Conuentus S. Joseph, fratrum discalceatorum carmelitarum Perpinianensium.*</small>

HAIN, manque. — FOURQUET, 3708.

34. — LACTANTIUS (Lucius Coelius Firmianus).— *Opera.* — Venise, Johannes de Colonia et Johannes Manthen de Gheretzem, 1478. — In-folio.

(Intitulé du folio I, recto) :) Lactantii Firmiani de diuinis institutionibus || aduersus gentes. Rubrice (e avec cédille) primi libri incipiunt. || — (F° 10 :) Lactantii Firmiani errata primi libri quibus ipse. || deceptus est per fratrem Antonium Raudensem. || theologum collecta & exarata sunt. || — (Premières lignes du folio 12, recto :) L. Coelii Lactancii firmiani diuinarum institutionum aduersus gentes || liber primus de falsa religione ad Constantinum Imperatorem. || — (F° 218 verso, colophon :) Impressum est hoc opus Venetiis impendio prouidorum virorum Iohannis de Colonia : Iohannisque Manthen de Gheretzem sociorum || Anno salutis dominice (e avec cédille). M.CCCC.LXXVIII. xxvij. || Augusti. Laus Deo. || Arguit hic hominum sectas Lactantius omnes ||...|| Post regina premit quippe colenda maris. (F° 219 recto :) Nephythomon *(sic)* Lactantii Firmiani incipit. || — (Dernière ligne du folio 226 verso :) Lactantii Firmiani in Ephythomon tractatus finit. || (F° 227 :) Registrum...

Caractères romains, longues lignes, 227 folios numérotés à la main, reliure du xv° siècle en bois et veau, traces de fermoirs en cuivre.

Hain, *9814. — Fourquet, 621.

35. — LEO (Magnus), papa. — *Sermones et epistolae.* — Venise, Andreas Parmensis, 1485. — In-folio.

(Premières lignes du premier feuillet liminaire coté a 2, recto :) || Ioannis Andree. Episcopi Aleri || ensis. Ad summum pontificem Pau || lum. ij. Venetum. Epistola. || — (Au haut du folio I coté aiiij :) Beati

Leonis Pape de assum || ptione sua ad pontificatum gratia*rum* || actionis sermo Primus... || (Folio xcvii, colophon :) Diui Leonis pape uiri eloquentissi || mi ac sanctissimi ser*m*ones Andreas Parme*n*sis soziis artis impressorie || solita diligentia impressit Venetiis || anno salutis. m.cccc.lxxxv. quin || to Nonas. Martij. ||

<small>Caractères gothiques, deux colonnes, 97 folios de 44 lignes à la colonne, plus 2 feuillets liminaires. Paraît être le même que le n° 10013 de Hain ; toutefois le nombre de folios diffère (104 dans Hain) et surtout la suscription de la fin, que Hain a ainsi transcrite : Diui Leonis... Andreas Parmensis *librarie* artis *peritissimus* solita, etc. Les deux mots que nous venons de souligner ne se trouvent pas dans la suscription de notre exemplaire.
Provient du monastère de S.-Michel-de-Cuxà, comme l'indique l'inscription suivante mise à la main sur le haut du folio 1 recto : *ad usum monasterii S. Michaelis de Cuixà*.</small>

Hain, 10013 (?). — Fourquet, 667.

36. — **LIVIUS** (Titus), Patavinus. — *Historiae romanae decades*, traduction italienne. — Venise, Zouane Vercellese, 1493. — In-folio.

[Exemplaire incomplet. Le titre manque (Deche di Tito Liuio || vulgare historiate) Accedit Leonardus Aretinus de bello punico].

(F° 2 recto, en partie déchiré :) || Tavola de le Rvbriche || del primo libro de la prima deca de || Tito Liuio padoano historico. || (F° 17 verso, seconde colonne :) Qui finisse la tauola de la quarta de || ca de Tito Liuio padoano historico.||(Fin de la troisième colonne :) Finisse la tauola del libro chiamato de la guerra punica : composto per Leonardo Aretino. || —(Le folio 18, qui était blanc, manque ; sur le folio 19, une gravure sur bois, qui représente des cavaliers combattants, et au-dessous le commencement du texte :) Incomenza el proemio de || la Prima Deca de Tito Liuio excellen || tissimo auctore et indice de Padua cit-

|| tadino Romano elqual raconta le hi || storie del populo Romano. || — (F° 141 recto, avec gravure :) Finito la prima deca di || Tito Liuio Padoano... || — (F° 262 recto, avec gravure :) Incomincia il tractato || del primo libro di Tito Liuio Padoa || no... || (F° 365 recto, fin de la deuxième colonne :) Finiscono le Deche : cioe la prima tertia & quarta || de Tito Liuio Paduano historico dignissimo : vulga || re historiate.

L'exemplaire se termine folio 372 verso par ces mots : Dunque li romani faccan lato dentro. (Les exemplaires complets comptent 381 folios, et le colophon, qui se trouve sur le folio 380, est ainsi conçu :)

[Finite le Deche de Tito Liuio padouano historio || grapho uulgare historiate con uno certo tractato de bel || lo punico Stampate nella inclita cittade di Venetia || per Zouane Vercellese ad instancia del nobile Ser Luca || antonio zonta Fiorentino. Nel Anno. m.cccc.lxxxxiii || adi. xi. del mese di Febraio].

Caractères romains, deux colonnes de 63 lignes (quand elles ne comprennent point de gravures). 372 folios non chiffrés, reliure moderne.

Hain, 10149. — Fourquet, 5358.

37. — **LOMBARDUS** (Petrus). — *Textus Sententiarum*. — Bâle, Nicolaus Resler, 1486. — In-folio.

(F° I manque, fol. II signé a2 :) Prologus || Incipit textus sententiarum || ( ) Upi || entes ali quid de penuria ac te || nuitate nostra... || (F° 4 verso, à la fin des *Rubrice libri primi* :) Incipit primus liber de misterio trini || tatis. (Folio 214 verso, colophon :) Anno domini Millesimo quadringentesi || mo octuagesimo sexto. Octauo nonas || marcii Textum sententiarum non attra || mentali penna cannaue. sed quadam in || geniosa arte imprimendi cunctipotenti *(sic)* || aspirante deo in egregia vrbe Basileensi. Nicolaus Resler foeliciter consummavit. || — (Sur le folio suivant signé I :) Incipit registrum || secundum ordinem alphabeticum collectiuum... || (Dernières lignes du volume :) Tabula secundum ordinem alphabeti || collectiua omnium distinctionum quat || tuor librorum sententiarum finit feliciter.

<small>Caractères gothiques, deux colonnes, lignes en nombre variable, reliure du xve siècle en veau et bois, traces de fermoirs. 231 folios non chiffrés. Note d'une écriture déjà ancienne, sur le folio 2 recto : Magister petrus lombart || huius operis actor episcopus parisiensis. texit ii annos || domini 1142 (?).
Sur le même folio, en bas : del conent de St Joseph de Perpiña (sic) de Carmelitas descalços.</small>

Hain, *10190. — Fourquet, 695.

38. — **LUCANUS** (M. Annoeus). — *Pharsalia cum commento Vicentini Omniboni.* — Venise, Bartolomeus de Zanis de Portesio, 1492. — In-folio.

(Titre sur le recto du folio 1 :) Lucanus cum commento. (Verso du même folio :) Ioannes Britannicus Brixianus Hieronymo aduocato. Ambrosii iurisconsultis. F. salutem. || ...M. Annei Lucani uita ex commentario antiquissimo. (F° 3 recto, signé aiii :) M. ANNEI lucani cordubensis pharsaliæ li || ber primus. || (Folio 155 verso, colophon :) Impressum Veneciis impensis Octauiani Sco || ti necnon arte Bertolamei de Zanis de Por || tesio Anno domini. m.cccc.lxxxxii. die ultimo mensis martii. Finis. || (Au-dessous : marque typographique avec les lettres O S M dans un cercle coupé par un diamètre qui supporte une croix.)

<small>Caractères romains ; le commentaire de Vicentinus Omnibonus encadre le texte sur les trois côtés extérieurs. 155 folios non chiffrés.— Reliure moderne ordinaire, dos en basane. Notes marginales à la main.</small>

Hain, *10240. — Fourquet, manque.

39. — **LUCIANUS** (SAMOSATENSIS). — *Opera, græcè.* — Florence, 1496. — In-folio.

(F⁰ 50 signé εΐ, le premier de notre exemplaire :) ... μόλισ· ἀλλὰ τί οὐχὶ καὶ ταύτας ἄγεις ὡς πλῆρες γένοιτο καὶ ἐντελὲς τὸ συνέδριον · τὴν ἀλήθειαν δέ γε καὶ || ξυνήγορον ἀναβιβάσασθαι πρὸς τὴν δίκην βούλομαι... — (F⁰ 263 recto :) ΤΕΛΟΣ. || ΛΟΥΚΙΑΝΟΥ ΕΠΙΓΡΑΜΜΑ ΕΙΣ || ΤΗΝ ΕΑΥΤΟΥ ΒΙΒΛΟΝ. || Λουκιανὸς τάδ' ἔγραψε παλαιά τε μωρά τε εἰδώς. || Μωρὰ γὰρ ἀνθρώποις καὶ τὰ δοκοῦντα σοφά. || Οὐδὲν ἐν ἀνθρώποισι διακριδόν ἐστι νόημα. || Ἀλλ' ὃ σὺ θαυμάζεις, τουθ' ἑτέροισι γέλως. || Ἐν Φλωρεντίᾳ ἔτει χιλιοστῷ τετρακοσιοστῷ ἐνενηκοστῷ ἕκτῳ. (A Florence, l'an mil quatre cent quatre-vingt-dix (&) six = 1496). || ΠΙΝΑΞ ΤΟΥ ΠΑΡΟΝΤΟΣ ΒΙΒΛΙΟΥ... (F⁰ 264 verso :) ΤΕΛΟΣ. ||

Texte grec, 264 folios (les 49 premiers manquent). Voyez LUCIEN, éd. Guillaume Dindorf, dans la collection Didot, p. 159 : ΛΟΥΚ. Ὁρῶ νῦν μόγις · Ἀλλὰ τί οὐχὶ καὶ ταύτας ἄγεις, etc. — Hain donne 262 folios. Il écrit dans la suscription qui contient la date ἐνενκοστῷ au lieu de ἐνενηκοστῷ. Foliotage ancien fait à la main, reliure moderne ordinaire. Fourquet ne donne ni le lieu ni la date de l'impression.

[D'après Hain, fol. 1a (c. sign. AI :) ΛΟΥΚΙΑΝΟΥ || ΣΑΜΟΣΑΤΕΩΣ || ΔΙΑΛΟΓΟΙ. || ΠΕΡΙ ΤΟΥ ΕΝΥΠΝΙΟΥ. || ΗΤΟΙ ΒΙΟΣ ΛΟΥ || ΚΙΑΝΟΥ. — Fol. 1 b a (c. sig. ai) : ΛΟΥΚΙΑΝΟΥ ΣΑΜΟΣΑΤΕΩΣ ΘΕΩΝ ΔΙΑΛΟΓΟΙ. F. 261 a : ΤΕΛΟΣ. Le reste comme ci-dessus.]

HAIN, *10258. — FOURQUET, 4846.

40. — **LULLUS** (RAYMUNDUS).— (RAYMOND LULL ou RAMON LULL et LUL). — *Tractatus de differencia.* — Jaen, Stanislaus Polonus (?), 1500. — In-4°.

(Titre au recto du premier feuillet :) Tractatus de differentia. || (En tête du folio 2, signé a ij :) Deus cum tua benedictione & amore incipit tra || ctatus de differentia : prout est principium artis || di || ui magistri Raymundi Lull *(sic)*. Editus a magistro Pe || tro dagui. || — (A la fin, f° 16 recto, colophon :) Finitur hic liber de differentia. editus a magistro || Petro dagui in urbe Giennensi. Anno a natiuitate || domini Millesimo Quingentesimo. Die uero Vigesi || ma Mensis Maii. ||

<small>Caractères romains, 28 lignes longues par page, 16 folios. Imprimé à Jaen, très probablement par Stanislas Polonus, le même qui a imprimé à Séville, en 1500, la *Metaphisica* de Gui, qui est reliée à la suite.
Avec le n° 22 du présent Catalogue. — Fourquet a oublié de faire observer que ces deux ouvrages, auxquels il a donné des numéros distincts, se trouvent dans le même volume.</small>

HAIN, 8147 (au mot GUI). — FOURQUET, 1775.

41. — **MAGNUS** (JACOBUS). — JACQUES LE GRAND. — *Sophologium*. — S. l. ni d. [Peut-être imprimé à Alost par Théodore Martin, vers 1490, selon Mlle Pellechet]. — In-folio.

(Le fol. I manque. — En tête du fol. 2, signé a.ij. :) Sequitur tabula capitu || lorum Sophologij : || Et primo capitula primi Libri. etc. || — (F° 5 recto :) Doctissimi atque excellentissimi pa || tris : sacrarum litterarum docto || ris deuotissimi : fratris Jacobi || magni religionis fratrum here || mitarum : Sancti Augustini sopho || logium incipit. Cuius principa || lis intentio est inducere legen || tis animum ad sapientie amorem. || — (Dernières lignes du livre, recto du dernier feuillet, première colonne :) Tu quoque si bonus esse velis : || sapiensque videri : || Quod manibus tractas : disce || sophologium. || Quicquid enim veterum teti || git preceptio digna : || Mille voluminibus : clau || ditur hoc opere. ||

Caractères gothiques, deux colonnes de 40 lignes, 162 folios, reliure du xv° siècle en parchemin.

Hain, manque. — Fourquet, 1782.

42. — **MAIUS** (Junianus) Parthenopaeus. — *Liber de priscorum proprietate verborum.* — Naples, Mathias Moravus, 1475. — In-folio.

(Au haut du fol. I verso :) IVNIANI MAII PARTHENOPEII. AD INVICTISSIMVM FER || DINANDVM REGEM IN LIBRUM DE PRISCORUM PROPRI || ETATE VERBORUM PROLOGUS FELICITER INCIPIT. — (F° 2 signé a.ii) (la lettre A faite à la main, en bleu :) Composita plerumque || separationem signi || ficat : ut amoueo || etc. (F° 366 verso, seconde colonne :) FINIS. || (A la fin, milieu du fol. 367 verso :) Iuniani Maii parthenopei ad || inuictissimum Regem || ferdinandum. Liber de priscorum proprietate || uerborum finit. || Editum opus sub foelicissimo ferdinando rege inclitæ neapolis || Impressere Mathias morauus Impressor solertissimus : & uenera || bilis Monachus Blasius theologus uir integerrimus. Opus edi || dit Iunianus Maius parthenopeus. Cum annus sæcularis celebra || retur : orbis fere terrarum hominum insolentia præter italiam || bello turbulentissimus esset. M.cccc.lxxv. ||

Caractères romains, deux colonnes à 46 lignes, 367 folios non chiffrés, reliure moderne.

Hain, *10539. — Fourquet, 3735.

43. — **MARCHESINUS** (Johannes). — *Mammotrectus super Bibliam.* — Venise, Nicolaus Jenson, 1479. — In-folio.

[(Le fol. I manque :) (F° II, signé A2 :) Incipit tabula principalium uo || cabulorum in Mamotrectum secun || dum ordinem alphabeti. (F° 26 recto :) Explicit tabula. || Laus Deo. || (F° 27 recto :) Prologus || Prologus autoris in mamotrec || tum. || (Deuxième colonne du verso du fol. 167 :) Expliciunt expositiones et cor || rectiones uocabulorum libri qui appellatur Mamotrectus. su || per totam Bibliam. — (F° 168 recto :) Orthographia || Incipit tractatus de orthographia || pRopter || scriptorum impe || ritiam etc. || (Verso du folio 259, fin de la seconde colonne, colophon :) Actum hoc opus Uenetiis an || no domini. 1479. nonas kalendas || octubris *(sic)* per inclytum uirum || Nicolaum Jenson gallicum. || (F° 260, la table des matières :) Incipit tabula librorum et aliorum || quorum expositiones || vocabulorum in presenti libro continentur. || (Verso du même folio :) Explicit tabula. ||

Caractères gothiques, deux colonnes de 38 lignes, 260 folios, reliure du xve siècle en parchemin, fatiguée.

Hain, 10559 (les tables sont différemment disposées que dans notre exemplaire). — Fourquet, 727.

44. — **MENA** (Juan de). — *Las ccc (trescientas) con xxiiii coplas con su glosa y las cinquanta con su glosa y otras obras.* — [Séville, 1499]. — In-folio.

(Titre sur le recto du folio liminaire I :) Las. ccc. con. xxiiii. coplas ago || ra nueuamente añadidas : del famosissimo poeta || Juan de Mena con || su glosa : y las cin || quenta con su glosa : y o || tras o || bras.—

(Au haut du verso :) Glosa sobre las trezientas del famoso poeta Juan de Mena : con || puesta por Fernan nuñez comendador de la orden de Santiago : dirigida al muy magnifico señor don Iñigo lopez de mendoça con || de de Tendilla : señor de la villa de mondejar : primer alcayde y capitan || general de la nombrada gran cibdad *(sic)* de Granada y su alhambra y fortalezas. || — (Folio liminaire II, recto :) Siguese lo que se contiene enel presente libro. || (Au verso, gravure sur bois représentant Juan de Mena offrant son livre au roi don Juan II).

(Au haut du fol. I :) Comiença el labyrinto de Juan || de mena poeta castellano : intitula || do al muy esclarescido y poderoso || principe don Iuan el segundo rey de || Castilla y de Leon etc.) || — (Premières lignes du folio lxxxviii, verso :) || Siguense .xxiiij. coplas las quales (por || mandado del rey don Juan) fueron por Juan || de mena añadidas : y dize comparando. || — (Suivent 6 folios non numérotés, avec gravure au verso du dernier feuillet. La pagination reprend ensuite avec le numéro LXXXIX, qui porte en tête de la première colonne :) Comiença la coronacion compuesta por || el famoso poeta Juan de mena. Al illustre || cauallero don Yñigo lopez de mendoça Mar || ques de Santillana. || — (F° cviii recto, fin de la deuxième colonne :) ☙ Acaban se las cinquenta de Juan de mena sobre la coronacion de Yñi || go Lopes de Mendoça. || Oiiij. || — (Verso du même folio, gravure sur bois, et au-dessous, mais dans le cadre :) Siguense las coplas que hizo el famoso Ju || an de mena contra los pecados mortales. ||

(F° cxix, après une gravure sur bois :) ☙ Siguen se los diez mandamientos y los siete pecados mortales con sus virtutes contrari- || as : y las quatorze obras de misericordia temporales y espirituales : y en breue trobadas por || fray Juan de Cibdad rodrigo : fray de la orden de sancta Maria de la merced. ||

(Commencement de la première colonne du folio cxxi, verso :) ☙ Comiença a loor y serui- || cio de dios prouecho delectacion || de los proximos la historia de la || questio y differencia que hay en- || tre la razon y sensualidad... || Compuso lo || en metros fray Yñigo de men- || doça indigno frayle menor de || obseruancia de sant Francisco || dirige la ala *(sic)* serenissima muy || alta y muy esclarescida reyna || doña Ysabel reyna de Casti- || lla y de Aragon. etc. || (Titre courant au haut des pages :) De les justas de la razon contra la sensualidad. ||

(Fº cxxvii recto.) Desprecio de la fortuna. || ☙ Esta obra hizo Diego de Sant Pedro y llamase desprecio de la fortuna : y endereço la al con- || de de Urueña su señor et dize el prologo assi... ||

(Fº cxxix numéroté cxxvi par erreur, au verso :) Un dezir de la muerte. || Este dezir muy gracio || so y sortilmente hecho y discre || tamente fundado : hizo y orde- || no Fernan perez de Guzman... (Dernières lignes :) Porende jamas amigo || no te fies en riqueza || (La fin manque.)

Caractères gothiques, deux et trois colonnes, 129 folios. Gravures. Reliure moderne.

Hain, manque. — Fourquet, 4188.

45. — **OCKAM** (Guillelmus de). — *Dialogi, Compendium errorum, Opus nonaginta dierum ; sequuntur libelli fratris Michaelis de Lezna.* — [Traités imprimés à Lyon par Jean Trechsel en 1495-1496. Le dernier traité seul est daté dans les exemplaires complets : xvi junii m.cccc.xcv.] — In-folio.

(Titre sur une languette de papier collée sur le recto du folio préliminaire 1, dont le recto est blanc :) Dialogus magistri Guillermi de || Ockam doctoris famosissimi. — (F° 2, titre courant et premières lignes de la première colonne :) Questiones Prime partis || ℭ Sequuntur questiones principales que in pri || ma et tertia partibus discutiuntur. In secunda || autem parte sine questionibus : de erroribus || Johannis. xxii. disputatur. || — (Gravure au verso du folio 10 dont le recto est blanc). — (Commencement de la première col. du folio I :) (   ) N omnibus || curiosus existis nec me de || sinis infestare... || (F° cclxxvi, fin des *Dialogi:*) Et hec de tertia parte dialogorum pro || nunc tibi sufficiant. || (F° 1 non signé :) Compendium errorum. || — (F° 2 signé A A 2 :) Incipit compendium errorum Johannis pape || xxij. editum et compilatum a fratre Guillermo || ockam de ordine fratrum minorum. || (Vient ensuite :) Summaria seu epitomata || cxxiiii Capitulorum operis || xc dierum M. Guilhelmi || de ockam diligenter collecta. || (F° 125, fin de la seconde colonne du recto :) Explicitum est opus nonaginta dierum cor||respondens sexto tractatui dialogi. M. Guil || helmi de ockam. Sequuntur libelli fratris mi- || chaelis de Cezena. In quibus gesta ejus de qui- || bus idem ockam in preallegato loco se tracta- || turum promiserat plurima continentur : ut pa- || tebit eosdem diligenter lecturis. || (L'exemplaire est incomplet. Il se termine par ces lignes :) ...Improba || tiones vero suorum errorum et responsiones ad suas erro || neas rationes plenius et diffusius continentur in ap || pellatione vltima per me facta : et in opusculis ma || gistrorum aduersus ipsas editis. ||

Caractères gothiques, deux colonnes. Les *Dialogi* comptent 276 folios chiffrés ; le *Compendium errorum* compte 12 folios non chiffrés ; les

Summaria comptent 135 folios non chiffrés, dont 10 préliminaires ; enfin, les *Litterae* F. Michaelis, ouvrage incomplet, en comptent 14. Sur le fol. prél. 1 des *Dialogi*, recto, et au-dessous du titre : *Pertinet ad bibliothecam conventus B. M. de Gracia Perpiniani ordinis S. P. h Augustini 1621.*

Hain, 11938, 11946, 11935. — Fourquet, 809.

46. — **PEREZ** (Jacobus), de Valentia. — *Expositio in cantica canticorum.* — Valence, Lambertus Palmart, 1486. — In-folio.

(En tête du folio 1 signé A :) Tabula libri canticorum. (F° 5 recto :) Illustrissimo *domino domino* alfonso de aragonia miseratione diuina archiepiscopo cesaragustano. || Jacobus episcopus christonopolitanus *(sic)* suo domino metuendo salutem... || (F° 6, signé a :) Prologus. || (   ) Antabo dilecto || meo canticum vi || nee suc. ysa. v Li || cet etc. || (A la fin, colophon :) Explicit expositio in cantica canticorum salo- || monis nouiter edita per R. D. Jacobum de valentia professum ordinis fratrum here || mitarum sancti augustini nec non episcopum christopo- || litanum. Impressa in eadem famosissima urbe || valentie : per lambertum palmart alemanum. || xix. die maii. anni domini m.ccccLxxxvj.||

Caractères gothiques, deux colonnes, sauf le folio 5 qui est à longues lignes, 115 folios non chiffrés de 41 lignes. Au colophon, Hain écrit *impressum* au lieu de *impressa*, qui est dans notre exemplaire. Au bas du recto du folio 1 : *ad usum fratrum capucinonorum* (sic) *conuentus perpinianensis*.

Hain, 12592. — Fourquet, 1056.

47. — **PEREZ** (Jacobus), de Valentia. — *Expositio canticorum ferialium.* — Valence, s. n. d'impr., 1484. — In-folio.

(Le folio 1 est blanc. — F° 2 signé .A. :) Consumata et per acta expositione || libri psalmarum (ps&) iterum fui rog*atus* et excit*atus*... || (A la fin, colophon:) Explicit expositio c*anticorum* ferialium edita p*er* || reuerendissimum dominum Jacobum pereç de valencie || ep*iscopum* cristopolitanum impressa Valencie. Anno || dom*ini* Millesimo quadringentesimo. l.xxxiiŋ. ||

<small>Dans le même volume que le précédent. — Caractères gothiques, deux colonnes, 34 folios non chiffrés de 44 lignes.</small>

<small>HAIN, 12591. — FOURQUET, manque.</small>

48. — **PEREZ** (JACOBUS), de Valentia. — *Expositio super Te Deum laudamus*. — Valence, s. n. d'impr., 1485. — In-folio.

(Folio 1 signé a :) Canticum. || Te Deum laudamus || etc. Istud canticum cantat ec || clesia Romana et latina *in* om || *nibus* festiuitatibus... || (A la fin, colophon :) Explicit expositio super Te deum laudam*us* || edita p*er* Reuerendissimum D. Jacobum pereç de || valentia episcopum cristopolitanum. impressa va || lentie. die xi. anno a natiuitate *domini* M.CCCC || LXXXV. mensis januarij. ||

<small>Dans le même volume que le précédent. — Caractères gothiques, deux colonnes de 44 lignes, 16 folios non chiffrés.</small>

<small>FOURQUET, manque.</small>

49. — **PEREZ** (JACOBUS), de Valentia. — *Tractatus contra judeos*. — Valence, s. n. d'impr., 1484. — In-folio.

(En tête du folio 1 signé .a. :) Incipit tractatus contra iudeos || edditus (sic) per Reuerendissimum dominum dominum Jacobum de Valencia ep*iscopum* cristopolitanum. || — (A la fin, colophon :) Eplicit (sic) tractatus contra iudeos editus p*er* Reuerendis || simum magistrum et dominum Jacobum perec de Valentia || professum ordinis fratrum sancti Augustini nec non episcopum|| christopolitanum impressus in eadem famosissimam yspaniarum vrbe valentie Anno domini Millesimo || quadringentesimo octoagesimoquarto. ||

<small>Dans le même volume que le précédent. — Caractères gothiques, deux colonnes, 55 folios non chiffrés de 45 lignes.</small>

HAIN, 12591. — FOURQUET, manque.

50, 51, 52, 53, 54. — **PEREZ** (JACOBUS), de Valentia. — In-folio. — *Opera varia*, mêmes éditions que les précédentes, comprenant :

1. Cantica canticorum . . . . 50.
2. Tractatus contra judeos . . . . 51.
3. Expositio canticorum ferialium . . . . . 52.
4. Te deum laudamus . . . . 53.

Et en plus :

Expositio super Magnificat, etc. — Valence, s. n. d'impr., 1485. — In-folio. . . . . 54.

F° 1, signé A :) Regia ex yspanorum et illustri propagine || nobilissime filie. ac dilectissime domine. E || lysabeht (sic) de billena abtisse (sic) sacri monasterii san || cte trinitatis vrbis Valentie... || — (F° 43, 2° col. du verso, colophon :) Explicit expositio super Magnificat. et bene- || dictus et Nunc dimitis et Gloria in excel || sis deo. edita per reuerendum. dominum. Jacobum || de Valentia episcopum cristopolitanum In || pressa in eadem vrbe valentie in mense Mar || cii. Anno domini M.ccccclxxxv. || (Vient à la suite le *Breuiarium decretorum* de Paulus Florentinus, qui a été relié ensemble et qui forme le numéro 24 du présent Catalogue).

Caractères gothiques, deux colonnes, 44 folios non chiffrés, dont le dernier est blanc.

Hain, 12599. — Fourquet, 1057.

55. — **PEROTTUS** (Nicolaus). — *Rudimenta grammatices.* — Rome, Philippus de Lignamine, 1474. — Petit in-folio.

(Haut du verso du folio 1, dont le recto est blanc : Prefatio Ioannis Philippi de lignamine || Messanen*sis* familiaris. S. D. N. Xysti. iiii. || — (Titre au haut du fol. 2 recto :) NICOLAI PEROTTI AD PIRBVM (sic) PE || ROTTVM NEPOTEM EX FRATBE (sic) (1) || SVAVISSIMVM RVDIMENTA GRA || MATICES. INCIPIVNT. || — (Au haut du recto du fol. 172 et dernier :) Romę in domo Nobilis uiri Ioannis Philippi de || Lignamine Messanen*sis*. S. D. N. familiaris : hic libellus || Impressus est. Anno domini. mccccxxiiii. Die || Decima mensis Maii Pont. Syxti iiii. Anno tertio. || Registrum huius libri... ||

Caractères romains, longues lignes. sans chiffres, réclames ni signatures, 172 folios non chiffrés.

Hain, manque. — Fourquet, 3782.

56. — **PERSIUS** (Aulus Flaccus). — *Satirarvm Opvs.* — Venise, Bartholomeus Venetus de Ragazonibus, 1492. — In-folio.

(Titre au haut du folio 1, dont le recto est blanc :) IOANNES BRITANNICVS BRIXIANVS SENATVI POPVLOQVE || BRIXIANO SALVTEM. || — (Viennent ensuite : une vie de Perse par Jean Britannicus et une autre par Barthélemy Foncius, puis une courte notice sur la satire.) — (Titre au haut du folio 3 recto,

(1) A mode de R on a employé B. dont on a brisé la boucle inférieure.

signé aiii :) IOANNIS BRITANNICI BRIXIANI COMMENTARII IN PERSIVM || AD SENATVM POPVLVMQVE BRIXIANVM. || IOAN. BRI. Nec fonte labra : Versis est senarius iambicus... || — (Après la troisième ligne du commentaire :) PAULI FLACCI PERSII POETAE || SATIRARVM OPVS. ||(F° 172, recto, colophon :) Impressum Venetiis per Bartholomeum Venetum de ragazonibbus (sic) Regnante inclyto principe domino || Augustino barbadico. Anno natiuitatis domini M.CCCCLXXXXII. die. XVII. Ianuarii. || (Suit le *Registrum*).

    Caractères romains, longues lignes. Le texte est encadré par le commentaire sur les trois côtés extérieurs. 48 folios. Relié avec le n° 61.

HAIN, *12737. — FOURQUET, manque.

57. — **PICUS MIRANDULAE** (JOHANNES FRANCISCUS). — *Opera varia*. — Bologne, Benedictus Hectoris Bononiensis, 1496. — In-folio.

(F° 1, préliminaire, dont le verso contient une lettre de Pic de la Mirandole à Louis Maria Sfortza :) Commentationes Ioannis Pici Mirandulæ in hoc uolu || mine contentæ : quibus anteponitur uita per Ioannem fran || ciscum illustris principis Galeotti Pici filium conscripta. || Heptaplus de opere Sex dierum geneseos. || Apologia tredecim quæstionum || Tractatus de ente & uno cum obiectionibus quibus || dam & responsionibus. || Oratio quedam elegantissima. || Epistolæ plures. || De precatoria ad deum elegiaco carmine. || Testimonia eius uitæ & doctrinæ. || Exibunt prope dies disputationes aduersies astrolo || gos aliaque complura tam ad sacra æloquia tum ad phi- || losophiam pertinentia. || — (F° 1 signé a :) IOANNIS PICI MIRANDVLAE VIRI OMNI DISCIPLINARVM || GE-

NERE CONSVMATISSIMI VITA PER IOANNEM FRANCI- || SCVM ILLVSTRIS PRINCIPIS GALEOTTI PICI FILIVM EDITA || — (Au haut du folio I signé A :) HEPTAPLVS IOANNIS PICI MIRANDVLAE DE SEPTIFOR- || MI SEX DIERVM GENESEOS ENARRATIONE AD LAVRENTI || VM MEDICEM. || — (F° 163, recto, colophon:) Opuscula hæc Ioannis Pici Mirandulæ Concordiæ Comitis. Diligenter impressit || Benedictus Hectoris Bononiensis adhibita pro uiribus solertia & diligentia ne ab ar- || chetypo aberraret: Bononiæ Anno Salutis. MCCCCLXXXXVI. die uero. xx. Martii. || — (Au verso du même folio :) Registrum huius operis. || (Et, au-dessous, la marque typographique de l'imprimeur, avec la lettre B dans un triangle renversé).

<small>Caractères romains, longues lignes. 163 folios non chiffrés, plus 12 folios préliminaires non chiffrés. Reliure en parchemin.</small>

HAIN, *12992. — FOURQUET, manque.

58. — **PICUS MIRANDULAE** (JOHANNES FRANCISCUS. — *Disputationes*. — Bologne, Benedictus Hectoris Bononiensis, 1495. — In-folio.

(F° 1 dont le verso est blanc :) Disputationes Ioannis Pici Miran || dulæ litterarum principis || aduersus astrologiam || diuinatricem qui || bus penitus sub || neruata cor || ruit. || — (F° 2, signé aaii:) Ioannes Franciscus Picus Mirandula Sacratissimo patri Oliuerio Carafæ episcopo || Sabinensi Cardinalique Neapolitano. S. || — (Au haut du folio 1, signé a:) Prooemium || IOANNIS PICI MIRANDVLAE CONCORDIAE COMITIS IN || DISPVTATIONES ADVERSVS ASTROLOGOS. || PROOEMIVM || hOmerus atque Cæcilius antiquissimi uates... || — F° 135 recto, colophon:)

Disputationes has Ioannis pici Mirandulæ concor- || diæ Comitis litterarum || principis aduersus astro- || logos : diligenter impressit Benedictus Hectoris Bo- || nonien || sis adhibita pro uiribus diligencia ne ab || archetypo aberraret. Bononiæ anno salu || tis. mccccllxxxxv. die uero. xvi. Iulii. || (Verso du même folio :) Registrum huius operis. (Et, au-dessous, la marque typographique comme à l'ouvrage précédent ; — viennent ensuite 3 ff. blancs ; à la suite :) Correctiones libri contra Astrologiam. || L'ouvrage se termine par le privilége donné le vii. julii m.cccc.lxxxxvi.

Caractères romains, longues lignes. 142 folios non chiffrés, plus 6 folios préliminaires non chiffrés. Relié avec le précédent.

Hain, *12992. — Fourquet, 4872.

59. — **PLUTARQUE.** — *Vies parallèles des grands hommes de la Grèce et de Rome.* — Traduction castillane. — [Séville, Paulus de Colonia, Johannes de Nuremberg, Magnus et Thomas, 1491.] — In-folio.

(Les deux premiers feuillets manquent.— F° 3, signé a z, en titre courant :) Theseo, (puis en tête de la première colonne, et en rouge :) Plutharco muy noble philosopho || escriuio la vida de Theseo en grie- || go. Et translado la en latin Capo || florentin muy enseñado. despues || el cronista Alfonso de Palencia la traduxo en Romançe Castellano. — (Au bas du verso du folio 25, première col., en rouge :) plutharco philosopho escriuio en || griego la vida del ylustre varon ly- || curgo traduxo la en latin Capo flo || rentino : et de latin en Romançe la || traduxo el cronista Alfonso de pa || lencia. ||

(F° 351 verso, bas de la col. 1 :) Eneste (*sic*) primer volumen hay tre- || ynta vidas de las de plutarco tradu ||

zidas de latin en romançe por el cro || nista Alfonso de palencià. Ca fue ne || çessario quelas (sic) otras restantes se po || siessen en otro volumen : et ambos volumines se imprimieron en seuilla con || industria de Paulo de Colonia : et de || Johannes de Nurenberg et de Ma || gno : et de Thomas Alemanes. et to || dos son quadernos. ||

<small>Caractères gothiques, deux colonnes, 351 folios numérotés à l'impression avec marques et signatures. Les folios 1 et 2, 8, 12 et 13 manquent. — Nous ne possédons que le t. I. La date et le lieu d'impression se trouvent à la fin du t. II.</small>

Hain, *13133. — Fourquet, 6402.

60. — **ROLEVINCK** (Werner). — *Fasciculus temporum*. — Venise, Erhardus Ratdolt, 1484. — In-folio.

(Au haut du verso du folio liminaire 1, dont le recto est blanc :) Nicolao Mocenico Magnifici D. francisci || patricio veneto Erardhus (sic) ratdolt. salutem. || — (Folio liminaire 2, recto :) Tabula commodissima super libro || sequenti qui fasciculus dicitur temporum... || — (Fº 1, non signé :) GEneratio et generatio || laudabit opera tua et || potentiam tuam pronuncia || bunt etc. || — (Fº 65, à la fin du recto, colophon :) Erhardus Ratdolt Augustensis impressioni parauit. || Anno salutis. m.cccc.lxxxiiii. v. calendas. Junii. Venetiis || Inclyto principe Johanne Mocenico. ||

<small>Caractères gothiques, longues lignes. 8 folios non numérotés et 66 numérotés. — Figures.
Note manuscrite sur le recto du folio 1 : « Fasciculus temporum intitulatur iste liber. Auctor ejus nominatur Erardhus Ratdolt augustensis. dicavit opus Nicolao Mocenico patricio veneto. anno 1484. Venetiis impressum. Joanne Mocenico inclyto principe. Historia generalis Ab Adam usque ad annum Christi 1484. » — On voit que cette note attribue faussement l'ouvrage à Erhard Ratdolt, qui n'en fut que l'imprimeur et l'éditeur.</small>

Hain, 6934. — Brunet, au mot *Fasciculus temporum*. — Fourquet, 5233.

61. — SALLUSTIUS (Crispus Caius). — *Liber de conjuratione L. Ser. Catilinæ et liber de bello jugurtino.* — S. ind. typ. — In-folio.

(Sur le recto du folio 1, une gravure représentant cinq personnages qui sont : Salluste, au milieu, assis, vêtu à la romaine et dictant ; à sa droite et à sa gauche, assis à un pupitre d'écrivain, Joannes Britannicus et Laurentius ; à la droite de Joannes, un scribe anonyme assis ; à la gauche de Laurentius, un personnage anonyme, à longs cheveux et à longue robe, debout, dans l'attitude d'un simple auditeur.)

(Au-dessous de la gravure :) || Hoc in volumine hæc continentur. || Pomponii Epistola ad Augustinum Mapheum. || C. Crispi Salustii bellum catilinarium cum || commento Laurentii uallensis. || Portii Latronis Declamatio contra. L. Catilinam. || C. Crispi Salustii bellum Iugurtinum cum || commentariis preclarissimi fratris Ioannis || chrysostomi Soldi Brixiani. || C. Crispi Salustii uariæ rationes ex || libris eiusdem historiarum exceptæ || C. Crispi Salustii uita. || Romæ per Pomponium emendata : || Brixiæque per Ioannem Britanni || cum diligentissime reuisa. — (F° 1 verso :) Avgvstino Mafeo rervm ro. thesavro Pomponivs Laetvs. — (F° 2 recto, signé aii :) Lavrentii Vallensis in C. Crispi Salvstii Catilinarvm commentarii. — (Ensuite, après 5 lignes de commentaire :) C. CRISPI SALVSTII LIBER DE CON || JVRATIONE. L. SER. CATILINAE || (O)MNIS HOMINES... || — (Dernières lignes de l'ouvrage, f° 110 recto :) Atque instantem pristiæn (*sic*) claritudini omnium ciuium gratiæ ac beniuolentiæ restituite : dixi. || FINIS. || REGISTRVM || omnes sunt terni præter e & t qui sunt duerni. ||

Caractères romains. Le commentaire encadre le texte sur les trois côtés extérieurs, 44 et 60 lignes, 110 folios non chiffrés. — Fourquet, qui n'avait point aperçu le Perse qui se trouve à la suite (voyez n° 56 du présent Catalogue), attribue faussement à notre exemplaire la date de 1492, qui est celle du Perse, tandis que le Salluste n'est point daté.

HAIN, *14229. — FOURQUET, 5466.

62. — **SAVONAROLA** (HIERONYMUS), de Ferraria. — *Compendium revelationum*. — Florence, Franciscus Bonaccursius, 1495. — In-4°.

(Titre au haut du folio 1, signé ai :) COMPENDIVM REVELATIONVM || INVTILIS SERVI IESV CHRISTI || FRATRIS HIERONYMI DE FER || RARIA ORDINIS PRAE || DICATORVM. — (A la fin, colophon :) Impressit Florentiæ ser Franciscus Bonac || cursius anno salutis MCCCCLXXXXV || v. nonas mensis Octobris. ||

Caractères romains, longues lignes. 50 folios non chiffrés. signés a-g.

HAIN, 14332. — FOURQUET, 547.

Fourquet a pris la date de 1495 pour celle du volume tout entier, tandis qu'elle ne s'applique qu'au *Compendium*.

Le volume contient, en effet, avant le *Compendium revelationum* :

1° *Tractato dello amore di iesu christo*... Firenze per li heredi di Philippo di Giunta, 1529, (18 ff. signés A C) ;

2° *Epistola difrate (sic) Hieronymo da Ferrara dellordine (sic) de frati predicatori a uno amico*. S. l. ni d. — (Figures, 6 ff. signés a 3) ;

3° *Libro di Frate Hieronymo da* (ces mots en caractères gothiques) *Ferrara della simplici || ta della vita christiana Tra* || *docto in volgare* [*da Hieronymo Beniuieni.*] Gravure au-dessous du titre. — (Au milieu du recto du folio 58 et dernier :) Stampato in Firenze per li heredi di Philippo di Giun || ta lanno del Signore M. D. XXVIIII || del mese de Maggio.

Suivent d'autres traités ou lettres parmi lesquels il faut citer :

Breue et utile tractato della Humilita composto da || frate Hieronymo da Ferrara dellordine delli || predicatori. — (Une gravure au-dessous de ce titre représentant Jésus répandant son sang par la main droite. 9 ff. signés a y.)

Le *Compendium revelationum* vient ensuite et termine le volume.

63. — **SAVONAROLA** (MICHAEL), Patav. Medic. — *Canonica de febribus.* — Bologne, Dyonisius de Berthochis, 1487. — In-folio.

(Titre au folio 1, signé a z :) ❡ Canonica de febribus magistri Michae || lis Savonarole ad Raynerium siculum incipit.|| — (F° 122 verso, deuxième colonne, colophon :) Ad laudem omnipotentis dei : ac gloriose eius || matris marie : Et beati hieronimi doctoris || opus hoc magistri Michaelis sauonarole dic || tum canonica de febribus : Finitur boñ. Dyo || nisius de Berthochis impressit. M.CCCCLXXXVII || die octauo mensis martij. ||

<small>Caractères gothiques, deux colonnes, 122 folios non chiffrés. A la suite, on a relié le traité appelé *Summa de pulsibus*.</small>

HAIN, 14487. — FOURQUET, 2945.

64. — **SAVONAROLA** (MICHAEL). — *Summa de pulsibus, urinis et egestionibus.* — Bologne, Henricus Harles et Johannes Walbeeck, 1487. — In-folio.

(Commencement de la première colonne du folio 1, recto, signé a ;) Incipit summa de || pulsibus : clarissimi : ac medicine monarce : || domini magistri Michaelis sauanorole (sic) pa || tauini ad laudem dei omnipotentis eiusque glo || riose matris virginis : totiusque curie triumphan || tis. Amen. || — (F° 63 et dernier, recto, 2e colonne, colophon :) Completum et egregium opus : de Pulsibus || Urinis : et Egestionibus : Excellentissimi me || dici artium : et medicine doctoris famosissimi || Domini Magistri Michaelis sauanorole (sic) patauini || gratias referendo infinitas deo glori || oso immortali : eiusque genitrici marie virgini || et toti curie triumphanti. Amen. || Impressum Bononie per Henricum harlez || et Johannem vvalbeeck socios. Anno M.CCCC.LXXXVij. octauo die mensis Maii. ||

Caractères gothiques, deux colonnes, 46 lignes, 63 folios non chiffrés. Sur l'un des deux feuillets blancs qui séparent l'ouvrage précédent de celui-ci, un écolier a transcrit ce distique :

Dat Galenus opes, dat Iustinianus honores
Pauper Aristoteles cogitur ire pede.

HAIN, 14490. — FOURQUET, 2945.

65. — **SCHEDEL** (HARTMANN). — *Liber chronicarum.* — Nuremberg, 1493. — Grand in-folio.

[Manquent les onze premiers feuillets. — La table finit au verso du folio 20. — Le folio 1 recto portait le titre : (R) Egistrum || huius ope- || ris libri cro- || nicarum || cum figuris et ymagi- || bus ab inicio mundi. — (F° 2 recto :) Tabula operis huius de tem || poribus. mundi. vt historiarum rerumque ceterarum ac || vrbium in se sparsim varieque scriptarum.]

(Au haut du folio 21, numéroté I :) Epitoma operum sex dierum de mundi fabrica Prologus || ( ) Um apud doctissimos et prestantissimos vi- || ros qui veram naturam et historiam tradiderunt de mundi fabrica: ac prima ho || minum... || — (Vers le milieu du folio numéroté CCLXVI, et dont le verso est blanc, colophon :) Completo in famosissima Nurembergensi vrbe operi || de hystoriis etatum mundi. ac descriptione vrbium. fe- || lix imponitur finis. Collectum breui tempore Auxilio docto || ris hartmanni Schedel. qua fieri potuit diligentia. Anno Christi || Millesimo quadringentesimo nonagesimotercio. die quarto || mensis Junii. || Deo igitur optimo. sint laudes infinite. || (Le texte continue au folio suivant; incomplet à la fin, comme au commencement.)

<small>Caractères gothiques, longues lignes. Ne parait pas être la même édition (Koberger) décrite par Hain, n° *14508 (les ff. numérotés CCLVIII-CCLXI manquent comme dans l'édition de Hain). — On lit à la fin de la table cette note manuscrite : pour le conuent St-François de l'obseruance de perpinian (sic). — N° 5188 du Cat. Fourquet, sous le nom de Chedel.</small>

HAIN, 14508 (?). — FOURQUET, 5188.

66. — **SENECA** (L. ANNAEUS). — *Opera philosophica et epistolae*. — Naples, s. n. d'imp., 1495. — Grand in-folio.

(Au haut du folio 1, recto :) Incipit lucii annei Senecæ cordubensis liber de moribus in quo notabiliter || & eleganter uitæ mores enarrat... || Au bas du folio 144 recto, colophon :) Expliciunt prouerbia Senecæ. || Sub domino Blasio Romero monacho Populeti philosopho ac theologo celebri est im- || pressum hoc opus in ciuitate Neapolis Anno domini : M. (manquent les quatre C) lxxiiiii. Diuo Ferdinando re- || gnante. || Gabrielis Carchani mediolanensis in artificem carmen... || — (Le verso du même folio est occupé par le registre des cahiers disposé sur quatre colonnes ; puis, vient l'énumération des traités contenus dans cette première partie du volume.)

(Au haut du folio 145 :) Incipit prologus beati hieronymi super epistolis Pauli ad Senecam et Senecæ ad Paulum. || ( ) Vcius Anneus Seneca cordubensis Fotini stoyci discipulus : patruus lucani || poetæ. || — (A la fin :) Explicit liber epistolarum Senecæ. || — (Sur le recto du folio suivant qui est le dernier et dont le verso est blanc :) Registrum foliorum libri Epistolarum Senecæ. ||

<small>Caractères romains, longues lignes, 252 folios non chiffrés. Belle reliure du xvie siècle en veau. La première lettre du texte est à la main et d'un travail remarquable. Au fond de la page, un écusson au champ de gueules timbré d'un croissant d'or, le tout dans une couronne de feuillage vert.</small>

HAIN, 14590. — FOURQUET, 1830.

67. — **SENECA** (LUCIUS ANNOEUS). — *Tragoediae*. — Venise, Lazarus Isoarda de Saviliano, 1492. — Infolio.

(Le folio 1 manque ; recto du folio 2, signé aii :) Gelius Bernardinus Marmita parmiensis : Eminentissimo ac humanissimo || D. D. Guielmo de rupeforti magno cancellario franciæ. S. D. || — (Au haut du folio 3 signé aiii commence le commentaire et, après cinq lignes de commentaire :) LVCII annæi senecæ cordubensis her || cules furens tragœdia prima incipit || Actus primus Iuno loquitur... || — (A la fin, colophon :) Venetiis : per Lazarum Isoarda de Sauiliano. || M.CCCC.lxxxxij. die. xii. Decembris. || Registrum. ||

<small>Caractères romains ; le commentaire entoure le texte sur les trois côtés extérieurs. 140 folios non chiffrés, reliure moderne ordinaire.</small>

HAIN, 14666. — FOURQUET, 4361.

68. — **SOLINUS** (Cajus Iulius). — *De Memorabilibus mundi*. — Venise, s. n. d'impr., 1493. — In-4°.

(Au milieu du folio 1 :) SOLINVS DE MEMORA-LIBVS (sic) MVNDI. || — (Au haut du folio 1 verso :) caiivlii Solini rerum memorabilium colectaneæ. Solinus Antimo salutem... (Premières lignes du folio 2 signé aii :) De origine et temporibus urbis Romæ et mensibus et diebus in- || tercalaribus. Capitulum. i. || — (A la fin, au fond du folio 46 recto :) Finis || Venetiis anno Domini m.cccc || lxxxxiii. die. xiii Ianuariis. ||

Caractères romains. 46 folios non chiffrés de 39-40 lignes longues par page. — Relié avec les n°° 4 et 6 du présent Catalogue.

Hain, *14881. — Fourquet, 1892 (Recueil factice).

69. — **SPINA** (Alphonsus de ou a). — *Fortalicium fidei in universos Christianæ religionis hostes*. — S. l. ni n. d'impr. [à Lyon, par Guillaume Balsarin], 1487. — In-8°.

(Au haut du folio préliminaire 1 recto, première colonne :) Abula fortalicii fidei || Incipit cuius sunt libri hec et pre || mittitur prohemium in quo laudes || annotantur et immittitur querela an || te thronum maiestatis dei et ponitur inten || tio scribentis. — (F° 1, signé ai :) Prohemium || Incipit prohemium in quo diuine laudes || annotantur et mittitur querela ante tronum || maiestatis dei et ponitur intencio scribentis. || — (F° 2 signé aij, après une gravure sur bois :) Incipit liber primus in quo continentur tres || considerationes. || — (A la fin, colophon, f° 240 verso, première col. :) Anno incarnationis dominice. m.ccclxxxvij. die. xxij.

mensis maii. || — (Immédiatement au-dessous, la marque typographique avec les lettres J. G. b.)

<small>Caractères gothiques, deux colonnes de 51 lignes. 248 folios avec les 8 folios préliminaires (le premier de ceux-ci manque). Une inscription à la main mise sur le folio 1 indique que le livre provient du couvent des Capucins de Perpignan : ad usum ff. capucinorum perpinianensis (sic).</small>

Hain, *874. — Fourquet, 435.

70. — **SUETONIUS** (Cajus Tranquillus). — Vitae XII Caesarum. — Venise, Bartholomeus de Zanis de Portesio, 1500. — In-folio.

(Titre sur le folio 1, recto :) || SVETONIVS TRANQVILLVS CVM PHILIPPI || BEROALDI ET MARCI ANTONII SA || BELLICI COMMENTARIIS. — (Titre au haut du folio 5 signé a :) CAESARIS DICTATORIS || PHILIPPI BEROALDI BONONIENSIS ENARRATIONES IN. C. SVETONIVM || TRANQVILLVM. — (Au-dessous, après trois lignes de commentaire :) CAII SVETONII TRANQVILLI DE VITA. || DVODECIM CAESARVM || LIBER PRIMVS. || Cæsar dictator. etc. — (A la fin, au bas du folio 347 recto, colophon :) Commentaria Philippi Beroaldi necnon Marci Antonii Sabellici in Suetonium Tranquillum Fœli- || citer Venetiis exacta. Per Bertholomeum de zanis de Portesio Anno domini M. CCCCC. die. xxviii. Iulii. ||

<small>Caractères romains ; le commentaire occupe les côtés extérieurs des pages ; 347 folios non chiffrés, sans compter les 4 folios préliminaires, qui contiennent le titre et la lettre de Béroald à Annibal Bentivole. Reliure moderne en 1/2 basane.
On lit sur le folio préliminaire 1, au-dessous du titre et à la main : Conuentus S^{ti} Josephi Perpinianen.</small>

Hain, 15130. — Fourquet, 5482.

71. — **TAMBACO** (Iohannes de). — *Consolatio theologiae.* — 1466, s. l. ni n. d'impr. — [Imprimé par Reyser]. — In-folio.

[Le volume commence par 6 feuillets préliminaires : le 6e est blanc ; les cinq autres contiennent les tables écrites à la main, d'une écriture qui semble contemporaine du livre : Hic ponuntur loco tabule huius libri parciales et capitula tocius libri de Consolatione theologie.]
(F° 1, titre en petites capitales romaines d'un type original :) Incipit prologus in librum de consolatio- || ne theologie fratris (l'f a toute la forme d'un E romain) iohannis de Tambaco || ordinis predicatorum provincie teuthonie || sacre theologie professoris. || — (F° 3 recto, à la fin de la page et avec les mêmes caractères que ci-dessus :) Explicit prologus. Incipit cum quadam ad- || huc prefatione liber de consolatione... || (A la fin, f° 286 recto, colophon :) Explicit liber de consolatione theologie per fratrem Iohannem de || Tambaco ordinis predicatorum prouincie theuthonie sacre Theolo || gie professorem consummatus Anno domini. M°. ccc° lxvj° (sic) in die Am- || brosii.

<small>Caractères demi-gothiques, 43 lignes longues par page, sans chiffres, réclames ni signatures. Un foliotage fait à la main s'arrête au numéro 103. — Il faut lire sans doute à la date : M.ccc.lxvj (1466). — Les caractères sont de Reyser, d'après Hain. — Reliure molle en parchemin.
A la suite, on a relié le dernier cahier d'un ouvrage de Jean Versor, imprimé à Naples en 1477. — Voir plus loin, n° 76.</small>

Hain, 15236. — Fourquet, 1003.

72. — **TERENTIUS** (Publius Afer). — *Comoediae.* — S. l. ni d. ni n. d'impr. — In-folio.

(En tête du fol. 2 signé a. II. :) || LIBER TERENTII AFRICI COMICI || INCIPIT FELICITER. || Natus in excelsis tectis cartaginis alte. || Romanis ducibus bellica preda' fui. || Descripsi mores hominum iuuenum*que* senum*que*. || Qualiter et serui decipiant dominos. || Quid meretrix quid leno dolis confingat auarus. || Hec quicum*que* leget : sic puto cautus erit. || ARGVMENTVM. ANDRIE || FABVLE. || ( ) OROREM FALSO CREDITAM || MERETRI-CVLE. || Genere andrie... ||(Titre au haut du folio 21, signé .c. 11. et après cinq lignes de texte :) EVNVCHVS INCIPIT. ||

(L'Eunuque finit au folio 40 recto. Immédiatement après :) INCIPIT ARGVMENTVM HEANTONTI || MORV-MENOS *(sic)*. ||

(A la fin, recto du folio 113 :) TERENTII APHRI COMICI POETE || ECIRA FELICITER FINIT. || FINITO LIBRO SIT LAVS ET GLORIA || CRISTO. AMEN. ||

Caractères romains, 113 folios, dont le premier est blanc. Les pages entières ont 36 lignes. Sans numérotage, sans réclames, mais avec signatures. Les cahiers sont tantôt de 8, tantôt de 10 feuillets, et vont jusqu'à l'*n* inclusivement. Le mètre est généralement observé. Le nom des interlocuteurs est en tête, puis à la marge, en abrégé. La division par scènes est ainsi bien marquée. Reliure du xve siècle en bois et veau, très fatiguée : traces de fermoirs. Les ff. de garde collés contre les ais qui servent de couverture sont en parchemin et couverts d'une écriture très bien calligraphiée du xiiie siècle. — Sur le premier : « Ex meis: Campagne, très rare. »

HAIN, manque. — FOURQUET, 4375.

73. — **TERENTIUS** (PUBLIUS AFER). — *Comoediae*. — Strasbourg, Joannes Gruninger, 1499. — In-folio.

(Au haut du recto du folio préliminaire 1 :) JACOBVS LOCHER PHILOMVSVS POETA ET ORATOR LAVREATVS. || Iohanni grüni*n*ger libro*rum* impressori ac ciui Argentin*æ* prudenti et honesto. In laudem Therentij. S. P. D. ‖ — (Au verso, gravure sur bois représentant un *theatrum* ; on lit au-dessous :) Terentius cum Directorio vocabulorum ‖ sententiarum ‖ artis comice ‖ glosa interlineali ‖ commentariis Donato ‖ Guidone ‖ Ascensio. ‖ — (Le feuillet a été très probablement renversé : le recto est devenu le verso par la faute du relieur).

(Au haut du folio 2 recto :) Therentii Directorium vocabulorum ‖ vocabularii vicem supplens incipit. — (Au haut de la première col. du folio 4 verso :) Directurium *(sic)* Adagionum. ‖ — (F° 5 verso, à la fin :) THERENTII EPITHAPHIVM ‖ Natus in excelsis tectis carthaginis altæ... ‖ — (Le folio 6 manque ; folio 7, numéroté I et signé b :) Andria Terentii ‖ Acta ludis megalensibus. M. Fuluio edilibus... ‖ — (A la fin, folio numéroté CLXXXI, au bas du recto, colophon :) Impressum in imperiali ac libera vrbe Argentina ‖ per Ioannen *(sic)* Grüninger. Ad illam formam vt intu - ‖ enti iocundior/ atque intellectu facilior esset Per - ‖ Ioannem curtum ex Eberspach redactum. An - ‖ no a natiuitate domini. 1499 Tertio ydus Februarij. ‖

<small>Caractères romains. Longues lignes sans distinction de vers. Le commentaire entoure le texte à droite, à gauche et en bas. Figures. Dans le n° 26 du présent Catalogue.</small>

HAIN, 15432. — FOURQUET, 4376.

74. — **VALERIUS** (MAXIMUS). — *Factorum dictorumque memorabilium libri IX*. — Venise, Bernardinus de Benaliis, 1488. — In-folio.

(4 ff. préliminaires dont le premier est blanc ; — au haut du folio 2 :) Petrus Brutus Episcopus catharensis. Oliuerio suo oratori clarissimo. S. P. D. ‖ — (Au haut du folio 3 recto :) AD Reuerendissimum In christo patrem

et dominum Dominum Petrum || de brutis benignitate diuina episcopum Catharensem Oliuerius Arzignanensis. || — (Sur le folio 4 recto :) Compendiosa Vita Valerii Maximi. || — (F° I, signé a, commencement du commentaire et du texte :) PROLOGVS || uRBIS Romæ exterarumque gentium facta simul ac dicta memoratu digna. || (Après six lignes du commentaire :) VALERII Maximi Factorum ac dictorum memo || rabilium. Liber ad Tiberium Cæsarem. Prologus. || (A la fin, dernières lignes du verso du folio numéroté ccxxxvi (au lieu de ccxliii :) Opus Valerii Maximi cum noua ac præclara Oliuerii Arzignanensi || uiri præstantissimi examinata interpretatione : Impressum Venetiis || arte & impensis Bernardini de Benaliis Anno salutis || M.CCCC.LXXXVIII. Die. VIIII. Nouembris : Fœliciter finit. ||

<small>Caractères romains, longues lignes : le commentaire occupe les trois côtés extérieurs des pages : 243 folios numérotés à l'impression, avec une erreur au dernier folio qui porte ccxxxvi au lieu de ccxliii : un folio non numéroté tout à fait à la fin et quatre folios préliminaires dont le premier est blanc. Note manuscrite au bas de la première page imprimée : Conuuentus S. Joseph. Perpynanensis (sic) Carmelitarum discalceatorum. — Reliure du temps, en cuir.</small>

HAIN, 15790. — FOURQUET, 5512.

75. — **VALERIUS** (MAXIMUS). — *Factorum dictorumque memorabilium libri IX.* — Saragosse, Paulus Hurus de Constancia, 1495. — In-folio. — Traduction castillane de Hugo de Urries.

(Les trois premiers feuillets manquent. — Première ligne de la première col. du folio IIII signé aiiij :) encl. et assi cōcluyo q̄ eneste libro se cō- || etc. — (F° IX recto :) || Capitulo primero : de || religion / que es acatamiento || o seruicio diuino.

(A la fin, au bas du verso du folio ccxci, qui est le dernier, et après une gravure où sont représentés saint Jacques et saint Sébastien :) Es acabado el Valerio maximo que transferio el magnifico mossen Vgo || de urries cauallero stando embaxador en anglaterra et borgoña por el se || renissimo rey de Aragon don Johan el segundo : fue a instancia et costa || de Paulo hurus aleman de Constancia imprimido : en la muy noble ciu- || dad de Caragoça : el año de la salud mil. CCCC. XCV. ||

<small>Caractères gothiques, deux colonnes, 291 folios (ccxci numérotés à l'impression, reliure molle en parchemin.</small>

HAIN, 15797. — FOURQUET, 5516.

76. — **UERSOR** (JOHANNES). — *Expositio super summulis magistri Petri Hispani.* — Naples, s. n. d'impr., 1477. — In-folio.

(Au haut du verso du fol. 1 dont le recto est blanc :) Petrus de Sancto Johanne. Iohanni Pardo. Salutem. Sepenumero a me pe || tieras et versorium nostrum : quem tibi... || (Titre au haut de la première col. du recto du fol. 2, signé ai :) EXPOSITIO VERSO || RIS PRESTANTISSI || MI DOCTORIS PARI || SIENSIS SVPER SVM || MVLIS MAGISTRI PE || TRI HISPANI. || Ste est primus tra || ctatus... || (A la fin, deuxième col., verso du dernier feuillet :) Et in hoc finitur scriptum summu- || larum Magistri Iohannis versoris parisiensis doctoris prestantissimi. Impressum Neapoli || Anno natiuitatis christi Millesimo || quadringentesimo septuagesimo sep || timo. Die vero quinto Mensis Febru || arii : ||

<small>Caractères romains, deux colonnes, sans chiffres, reliure du xve siècle en ais et veau. Une inscription à la main mise au bas du folio 2 recto</small>

prouve que ce livre provient du monastère de Cuxa : ad usum monasterii S. Michaelis de Cuixà.

Hain, 16032. — Fourquet, 1855.

77. — VORAGGIO (Giacomo da). — Jacques de Voragine. — *La Légende dorée en français.* — Paris, Jacques Verard, 1497. — In-folio.

(Titre sur le recto du folio I, au-dessus de la marque typographique de Jacques Verard :) La legende doree en françoys || imprimee a paris. || — (Premières lignes du recto, première col. du fol. II, signé ai :) cy apres sensuyt la table des rubriches || et chapitres de ce present volume, ensemble || le nombre et cotacion des fueilletz, par quoy || plus facilement ungchascun pourra trou - || uer la lecture de la legende des saintz ou sain - || ctes quilz auront voulente de veoir... || — (Titre courant au haut du fol. iii, recto :) De saincte genenieue. (A la fin :) A lhonneur et louenge de dieu le pere || tout puissant de la glorieuse vierge marie et || toute la court celestielle de paradis a este a - || cheuee de imprimer a Paris ceste presente le || gende en francois le xx.iour de nouembre. lan. mil. cccc. liiixx. et xvii. pour Anthoine || Verard libraire demourant a paris sur le pont || nostre dame a lymage saint [
      ] uange || liste ou au palais au [
    ] la chapelle ou on [   ]
gneurs les [   ]. ||

Caractères gothiques, deux colonnes, ccc ff. (y compris le titre et la table) à 2 col. de 45 lignes, signatures -a-z r. 2 et A-Niiii. Figures en bois. — Voir Brunet, éd. de 1843, t. 4, p. 689, col. I.

Fourquet, 5540, sous le nom de de Vignay, auteur de la traduction.

78. — **XIMENES** (Franciscus). — *Lo Libre de les Do-nes.* — Barcelone, Jean Rosenbach, 1495. — In-folio.

(En tête du folio 1, première col., et en rouge:) En nom de nostre Se || nyor iesu christ. || Comença lo libre vul - || garment appellat de les || dones ordenat e compi || lat per lo Reuerend mestre || francesch eximenis me || stre en sacra theologia || del orde de fra menors || Dirigit a la molt noble || senyora dona Sanxa de || Arenos contessa de pra || des. || Segueix lo preambol. || A la molt || alta he || molt ho || norable || senyora… — (A la fin, verso du fol. numéroté cclxvii, 2e col. :) Acabat fou lo present li || bre vulgarment dit de les || dones en la noble ciutat || de Barçelona per mestre || Johan Rosenbach Ala- || many a instancia del dis || cret en Johan Bernat no || tari e scriua de la cort del oficial del Reuerent Se || nyor Bisbe de Barçelona || en lany de la natiuitat de nostre senyor Jesu christ. Mil. cccc.lxxxxv a vuyt dies del mes de mayg. 1495. (Au-dessous la marque typographique de Rosenbach. Suivent 7 ff. contenant la table, dont il manque plusieurs ff, puisqu'elle ne commence qu'avec le chapitre c.lxxviij, sur un folio signé bi).

Caractères gothiques, deux colonnes. Nombreuses fautes de pagination et lacunes. Reliure moderne en basane.

Hain, 16235. — Fourquet, 1076.

79. — (Volume retrouvé depuis le commencement de l'impression du présent Catalogue). — **SAINT BERNARD** (Abbé). — *Sermones.* — S. l. n. d. ni n. d'impr. — In-folio.

Le folio 1 manque. Sur le recto du folio 2 signé Aii :

Sermones beati ber- nardi abbatis Clareual || lis incipiunt feliciter. || De aduentu domini sermo primus. (A la fin, une pièce de vers dont le dernier est :) Et mens doctrine dulcia mella feret.

Caractères gothiques,  deux colonnes.

TABLE

DES NOMS D'AUTEURS

TABLE ALPHABÉTIQUE

DES

AUTEURS

Avant-propos.	5
1. — ALBERTUS MAGNUS.	14
2. — ALLIACO vel AILLIACO (Petrus de).	16
3. — ANSELMUS (Sanctus).	16
4. — AUGURELLUS (Johannes Aurelius).	17
5. — AUSMO vel AUXMO (Nicolaus de).	17
6. — BARTOLINUS (Pius Antonius).	18
7. — BERGOMENSIS (Petrus).	19
8. — BIBLIA LATINA, anni 1476.	19
9. — BIBLIA LATINA, anni 1478.	20
10. — BLONDUS (Flavius).	21
11. — BOCCACIO (Giovanni).	21
12. — —	22
13. — BOETIUS (Annius Manlius Torquatus Severinus).	23
14. — — —	23
15. — — —	26
16. — BRUTUS (Jacobus), Novocomensis	26

17. — BURGO (Dionysius de). 27
18. — CARACCIOLUS (Robertus). 28
19. — CASSIANUS (Johannes). 29
20. — COMESTOR (Petrus). 29
21. — CYRILLUS (Sanctus). 30
22. — DAGUI vel de GUI (Petrus) 31
23. — EUCLIDES. 32
24. — FLORENTINUS (Paulus). 33
25. — GELLIUS (Aulus). 34
26. —   —   34
27. — GERSON (Johannes). 34
28. — GRATIANUS. 35
29. — HEROLT (Johannes). 36
30. — HORATIUS (Flaccus Quintus) 37
31. — HUNGARIA (Michael de). 38
32. — ISIDORUS, episcopus hispalensis. . . . 38
33. — JANUA (Balbus Johannes de). 39
34. — LACTANTIUS (Lucius Coelius Firmianus) 40
35. — LEO MAGNUS. 40
36. — LIVIUS (Titus) Patavinus. 41
37. — LOMBARDUS (Petrus). 42
38. — LUCANUS (M. Annœus). 43
39. — LUCIANUS (Samosatensis). 44
40. — LULLUS (Raymundus). 44
41. — MAGNUS (Jacobus). 45
42. — MAIUS (Junianus). 46
43. — MARCHESINUS (Johannes). 47

44. — MENA (Juan de).	. . . .	47
45. — OCKAM (Guillelmus de).	. . . . . .	49
46. — PEREZ (Jacobus).	. . . .	51
47. — —	. . . .	51
48. — —	. . . .	52
49. — —	. . . .	52
50. — — 51, — 52, — 53, — 54.	.	53
55. — PEROTTUS (Nicolaus).	. . . .	54
56. — PERSIUS (Aulus Flaccus).	. . . . . .	54
57. — PICUS MIRANDULAE (Johannes Franciscus).	. . . .	55
58. — — —		56
59. — PLUTARQUE.	. . . .	57
60. — ROLEWINCK (Werner).	. . . .	58
61. — SALLUSTIUS (Crispus Caius).	. . . .	59
62. — SAVONAROLA (Hieronymus), de Ferraria.		60
63. — SAVONAROLA (Michael).	. . . . . .	61
64. — —	. . . .	61
65. — SCHEDEL (Hartmann).	. . . .	62
66. — SENECA (L. Annoeus).	. . . . . .	63
67. — —	. . . .	64
68. — SOLINUS (Caius Julius).	. . . .	65
69. — SPINA (Alphonsus de vel a).	. . . . .	65
70. — SUETONIUS (Caius) TRANQUILLUS.	.	66
71. — TAMBACO (Johannes).	. . . .	67
72. — TERENTIUS (Publius) Afer.	. . . . .	67
73. — —	. . . . . .	68

74. — VALERIUS (Maximus).	. . . . . .	69
75. — —	. . . . .	70
76. — VERSOR (Johannes).	. . . .	71
77. — VORRAGIO (Giacomo da).	. . . . .	72
78. — XIMENES (Franciscus).	. . . . . .	72
79. — BERNARD (Saint).	. . . .	73
Table des noms d'auteurs.	. . . . .	75

Céret. — Imp., Lib. et Reliure L. Lamiot.

www.ingramcontent.com/pod-product-compliance
Lightning Source LLC
LaVergne TN
LVHW050621090426
835512LV00008B/1604